CB138500

Projeto LUMIRÁ

LÍNGUA PORTUGUESA 2

Organizadora: Editora Ática S.A.

Obra coletiva concebida pela Editora Ática S.A.

Editora responsável: Heloisa Pimentel

Material de apoio deste volume:

- Cartonados e adesivos
- Livro Monte-desmonte
- Caderno de Atividades

editora ática

editora ática

Diretoria editorial
Lidiane Vivaldini Olo
Gerência editorial
Luiz Tonolli
Editoria de Língua Portuguesa
Mirian Sancore de Oliveira Senra
Edição
Francisca Tarciana Morais da Silva e Solange de Oliveira
Gerência de produção editorial
Ricardo de Gan Braga
Arte
Andréa Dellamagna (coord. de criação),
Talita Guedes (progr. visual de capa e miolo),
Leandro Hiroshi Kanno (coord. de arte),
Tomiko Chiyo Suguita (editora de arte) e
Lívia Vitta Ribeiro, Casa de Tipos (diagram.)
Revisão
Hélia de Jesus Gonsaga (ger.),
Rosângela Muricy (coord.),
Ana Curci, Ana Paula Chabaribery Malfa,
Paula Teixeira de Jesus e Vanessa de Paula Santos,
Brenda Morais e Gabriela Miragaia (estagiárias)
Iconografia
Sílvio Kligin (superv.),
Denise Durand Kremer (coord.),
Karina Tengan (pesquisa),
Cesar Wolf e Fernanda Crevin (tratamento de imagem)
Ilustrações
Estúdio Icarus CI – Criação de Imagem (capa),
Adilson Farias, Bruno Nunes, Chris Eich, Cláudio Chiyo,
Fabiana Salomão, Felipe Prado, Hagaquezart Estúdio e
Vicente Mendonça (miolo), Cláudio Chiyo (Caderno de Atividades),
Fabiana Salomão (Cartonados e Adesivos),
Hagaquezart Estúdio (Monte-desmonte)

Direitos desta edição cedidos à Editora Ática S.A.
Avenida das Nações Unidas, 7221, 3º andar, Setor A
Pinheiros – São Paulo – SP – CEP 05425-902
Tel.: 4003-3061
www.atica.com.br / editora@atica.com.br

Dados Internacionais de Catalogação na Publicação (CIP)
(Câmara Brasileira do Livro, SP, Brasil)

Projeto Lumirá : língua portuguesa : 1º ao 5º ano / obra coletiva da Editora Ática ; editor responsável Heloisa Pimentel . – 2. ed. – São Paulo : Ática, 2016. – (Projeto Lumirá : língua portuguesa)

1. Português (Ensino fundamental) I. Pimentel, Heloisa. II. Série.

16-01316 CDD-372.6

Índice para catálogo sistemático:
1. Português : Ensino fundamental 372.6

2017
ISBN 978 85 08 17876 6 (AL)
ISBN 978 85 08 17877 3 (PR)
Cód. da obra CL 739157
CAE 565 983 (AL) / 565 984 (PR)

2ª edição
2ª impressão

Impressão e acabamento
EGB Editora Gráfica Bernardi Ltda.

Elaboração de conteúdo

Daniela de Arruda Guariglia
Licenciada em Pedagogia pela Universidade de São Paulo
Pós-graduada (*lato sensu*) em Moralidade Infantil pela Universidade de Franca (SP)
Professora e coordenadora de Educação Infantil e do Ensino Fundamental da rede particular de ensino de São Paulo

Maria Fernanda Klaumann Canovas
Bacharela em Letras pela Universidade de São Paulo e licenciada em Pedagogia pelo Centro Universitário Claretiano (SP)
Pós-graduada (*lato sensu*) em Moralidade Infantil pela Universidade de Franca (SP)
Professora de Educação Infantil e do Ensino Fundamental da rede particular de ensino de São Paulo

Fernanda Glaessel Ramalho
Licenciada em Pedagogia pela Universidade de São Paulo
Responsável por programas de formação de professores, coordenadores e diretores da Secretaria Municipal de Educação de São Caetano do Sul (SP)
Autora dos programas Matemática em Jogo (Pensarte) e Magia de Ler (Melhoramentos)

Paula Saretta
Mestra em Psicologia Escolar pela PUC-Campinas (SP)
Doutora em Educação pela Universidade Estadual de Campinas (SP)
Aperfeiçoamento em Orientação à Queixa Escolar pela Universidade de São Paulo
Docente na educação superior e consultora em Psicologia e Educação

Ricardo Gonçalves Barreto
Bacharel e licenciado em Letras pela Universidade Mackenzie (SP)
Mestre e doutor em Letras pela Universidade de São Paulo
Autor de livros didáticos e consultor em Educação

Projeto

LUMIRÁ

ESTE É O SEU LIVRO DE **LÍNGUA PORTUGUESA DO 2º ANO**.

ESCREVA AQUI O SEU NOME:

....

....

ESTE LIVRO VAI AJUDAR VOCÊ A INVESTIGAR O MUNDO E A DESCOBRIR MAIS SOBRE O UNIVERSO DA LEITURA E DA ESCRITA.

BOM ESTUDO!

CARO ALUNO

VOCÊ ESTÁ COMEÇANDO SEU ANO ESCOLAR. AO LONGO DESSE TEMPO, VOCÊ VAI APRENDER COISAS NOVAS E IMPORTANTES PARA O SEU DIA A DIA E PARA O FUTURO, COMO:

- LER E ESCREVER, RECONHECENDO PALAVRAS, SONS E TEXTOS;
- IDENTIFICAR NÚMEROS, OPERAÇÕES E FIGURAS;
- CONHECER O CORPO HUMANO, OS ANIMAIS E A NATUREZA;
- DESVENDAR O LUGAR EM QUE VIVEMOS;
- ENTENDER A HISTÓRIA DAS PESSOAS E DAS CIDADES.

O **PROJETO LUMIRÁ** VAI SER SEU COMPANHEIRO. NELE VOCÊ VAI ENCONTRAR TEXTOS, ATIVIDADES, JOGOS, ILUSTRAÇÕES E FOTOGRAFIAS MUITO INTERESSANTES. VOCÊ VAI APRENDER, PARTICIPAR DAS DESCOBERTAS E SE DIVERTIR MUITO.

BOM ESTUDO!

Adilson Farias/Arquivo da editora

COMO É O MEU LIVRO?

ESTE LIVRO TEM QUATRO UNIDADES, CADA UMA DELAS COM TRÊS CAPÍTULOS. NO FINAL, NA SEÇÃO **PARA SABER MAIS**, HÁ INDICAÇÕES DE LIVROS, VÍDEOS E *SITES* PARA COMPLEMENTAR SEU ESTUDO.

ABERTURA

VOCÊ OBSERVA A IMAGEM, RESPONDE ÀS QUESTÕES E TROCA IDEIAS COM OS COLEGAS E O PROFESSOR SOBRE O QUE VAI ESTUDAR.

LEITURA E ATIVIDADES

AQUI VOCÊ VAI LER E OUVIR DIFERENTES TEXTOS. DEPOIS, AS ATIVIDADES DE LEITURA AJUDARÃO VOCÊ A ENTENDER E A APRENDER MAIS SOBRE O QUE LEU E OUVIU.

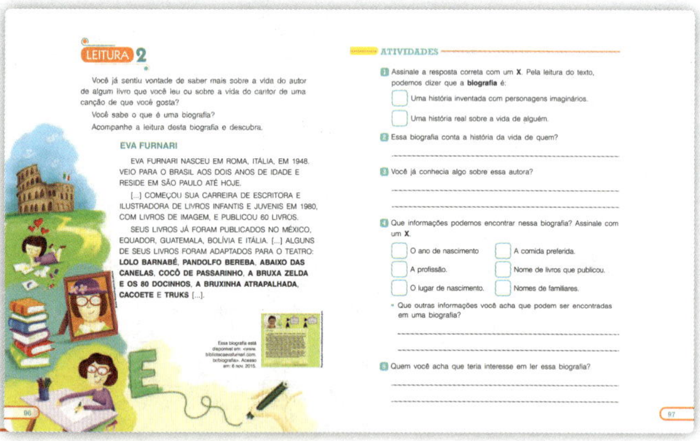

LEITURA 2

Você já sentiu vontade de saber mais sobre a vida do autor de algum livro que você leu ou sobre a vida do cantor de uma canção de que você gosta?

Você sabe o que é uma biografia?

Acompanhe a leitura desta biografia e descubra.

EVA FURNARI

EVA FURNARI NASCEU EM ROMA, ITÁLIA, EM 1948. VEIO PARA O BRASIL AOS DOIS ANOS DE IDADE E RESIDE EM SÃO PAULO ATÉ HOJE.

[...] COMEÇOU SUA CARREIRA DE ESCRITORA E ILUSTRADORA DE LIVROS INFANTIS E JUVENIS EM 1980, COM LIVROS DE IMAGEM, E PUBLICOU 60 LIVROS.

SEUS LIVROS JÁ FORAM PUBLICADOS NO MÉXICO, EQUADOR, GUATEMALA, BOLÍVIA E ITÁLIA. [...] ALGUNS DE SEUS LIVROS FORAM ADAPTADOS PARA O TEATRO: **LOLO BARNABÉ**, **PANDOLFO BEREBA**, **ABAIXO DAS CANELAS**, **COCÔ DE PASSARINHO**, **A BRUXA ZELDA E OS 80 DOCINHOS**, **A BRUXINHA ATRAPALHADA**, **CACOETE** E **TRUKS** [...].

Essa biografia está disponível em: <www.bibliotecaevafurnari.com.br/biografia>. Acesso em: 6 nov. 2015.

96

ATIVIDADES

1 Assinale a resposta correta com um **X**. Pela leitura do texto, podemos dizer que a **biografia** é:

- Uma história inventada com personagens imaginários.
- Uma história real sobre a vida de alguém.

2 Essa biografia conta a história da vida de quem?

3 Você já conhecia algo sobre essa autora?

4 Que informações podemos encontrar nessa biografia? Assinale com um **X**.

- O ano de nascimento
- A comida preferida.
- A profissão.
- Nome de livros que publicou.
- O lugar de nascimento.
- Nomes de familiares.

- Que outras informações você acha que podem ser encontradas em uma biografia?

5 Quem você acha que teria interesse em ler essa biografia?

97

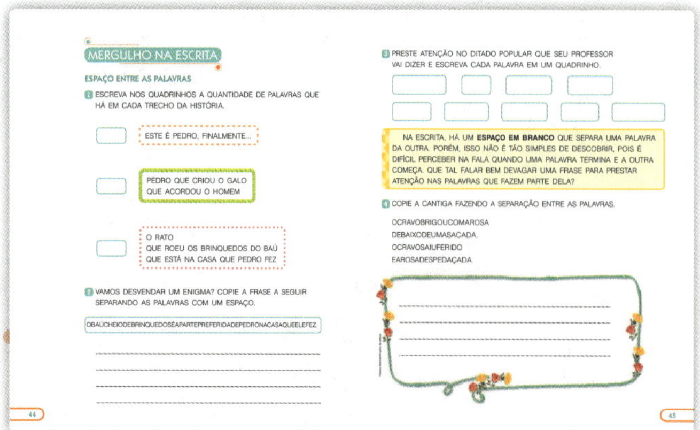

MERGULHO NA ESCRITA

ESPAÇO ENTRE AS PALAVRAS

1 ESCREVA NOS QUADRINHOS A QUANTIDADE DE PALAVRAS QUE HÁ EM CADA TRECHO DA HISTÓRIA.

ESTE É PEDRO, FINALMENTE...

PEDRO QUE CRIOU O GALO QUE ACORDOU O HOMEM

O RATO
QUE ROEU OS BRINQUEDOS DO BAÚ
QUE ESTÁ NA CASA QUE PEDRO FEZ

2 VAMOS DESVENDAR UM ENIGMA? COPIE A FRASE A SEGUIR SEPARANDO AS PALAVRAS COM UM ESPAÇO.

OBAÚCHEIODEBRINQUEDOSÉAPARTEPREFERIDADEPEDRONACASAQUEELEFEZ.

44

3 PRESTE ATENÇÃO NO DITADO POPULAR QUE SEU PROFESSOR VAI DIZER E ESCREVA CADA PALAVRA EM UM QUADRINHO.

NA ESCRITA, HÁ UM **ESPAÇO EM BRANCO** QUE SEPARA UMA PALAVRA DA OUTRA. PORÉM, ISSO NÃO É TÃO SIMPLES DE DESCOBRIR, POIS É DIFÍCIL PERCEBER NA FALA QUANDO UMA PALAVRA TERMINA E A OUTRA COMEÇA. QUE TAL FALAR BEM DEVAGAR UMA FRASE PARA PRESTAR ATENÇÃO NAS PALAVRAS QUE FAZEM PARTE DELA?

4 COPIE A CANTIGA FAZENDO A SEPARAÇÃO ENTRE AS PALAVRAS.

OCRAVOBRIGOUCOMAROSA
DEBAIXODEUMASACADA.
OCRAVOSAIUFERIDO
EAROSADESPEDAÇADA.

45

MERGULHO NA ESCRITA

VOCÊ VAI REFLETIR SOBRE A ESCRITA, CONHECER MELHOR A LÍNGUA PORTUGUESA E APRENDER MAIS SOBRE GRAMÁTICA E ORTOGRAFIA.

ÍCONE

ATIVIDADE ORAL

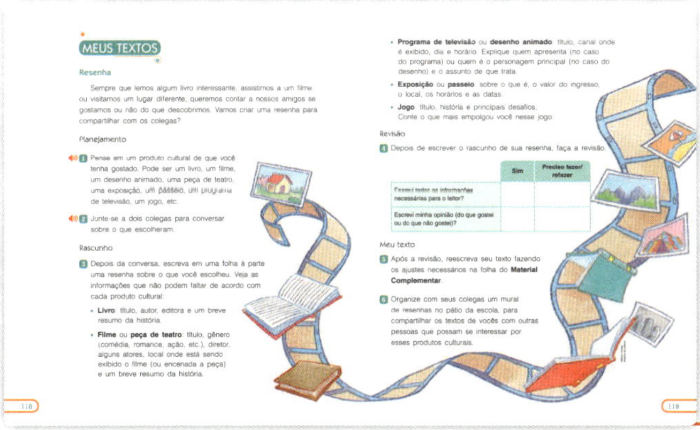

MEUS TEXTOS

AQUI VOCÊ PRODUZIRÁ SEU PRÓPRIO TEXTO COM PLANEJAMENTO, REVISÃO DO QUE ESCREVEU OU CONVERSOU E APRESENTAÇÃO DO TEXTO FINAL.

ENTENDER AS PALAVRAS: DICIONÁRIO

VOCÊ VAI APRENDER A USAR O DICIONÁRIO E ENTENDER MELHOR COMO ELE FUNCIONA.

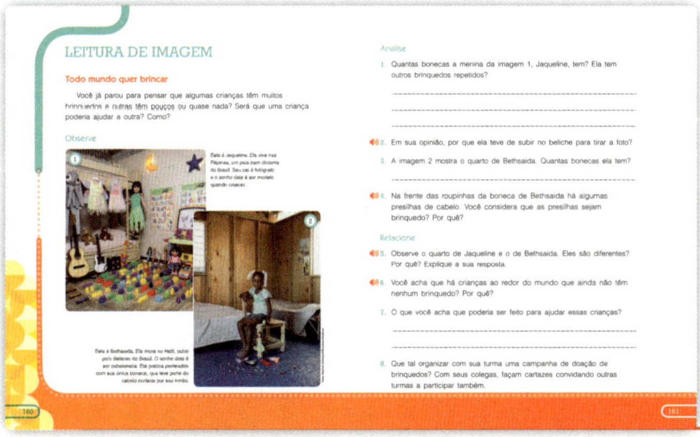

LEITURA DE IMAGEM

AQUI VOCÊ VAI FAZER UM TRABALHO COM IMAGENS. AS FOTOGRAFIAS AJUDAM VOCÊ A REFLETIR SOBRE OS TEMAS ESTUDADOS: O QUE É PARECIDO COM SEU DIA A DIA, O QUE É DIFERENTE.

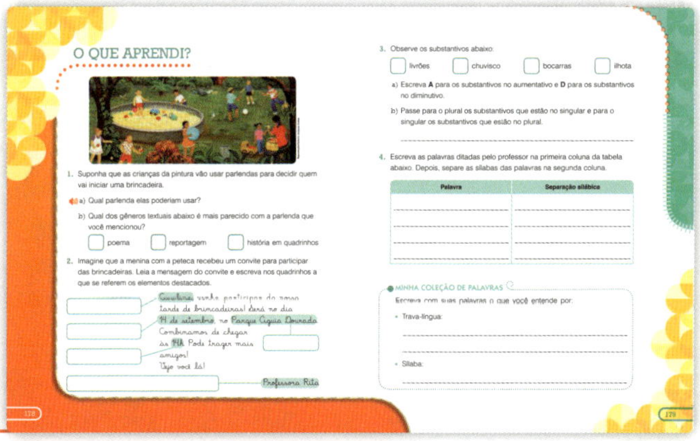

O QUE APRENDI?

AQUI VOCÊ ENCONTRA ATIVIDADES PARA PENSAR NO QUE APRENDEU, MOSTRAR O QUE JÁ SABE E REFLETIR SOBRE O QUE PRECISA MELHORAR.

SUMÁRIO

UNIDADE 1

HISTÓRIAS PARA SABOREAR...

UNIDADE 2

BRAVO!

UNIDADE 3

É SÓ DIVERSÃO!

UNIDADE 4

ANIMAL!

UNIDADE 1

HISTÓRIAS PARA SABOREAR...

ESTA CENA FAZ PARTE DO FILME DE ANIMAÇÃO **TÁ CHOVENDO HAMBÚRGUER**, DE PHIL LORD E CHRISTOPHER MILLER (DIR.). ESTADOS UNIDOS: SONY PICTURES, 2009.

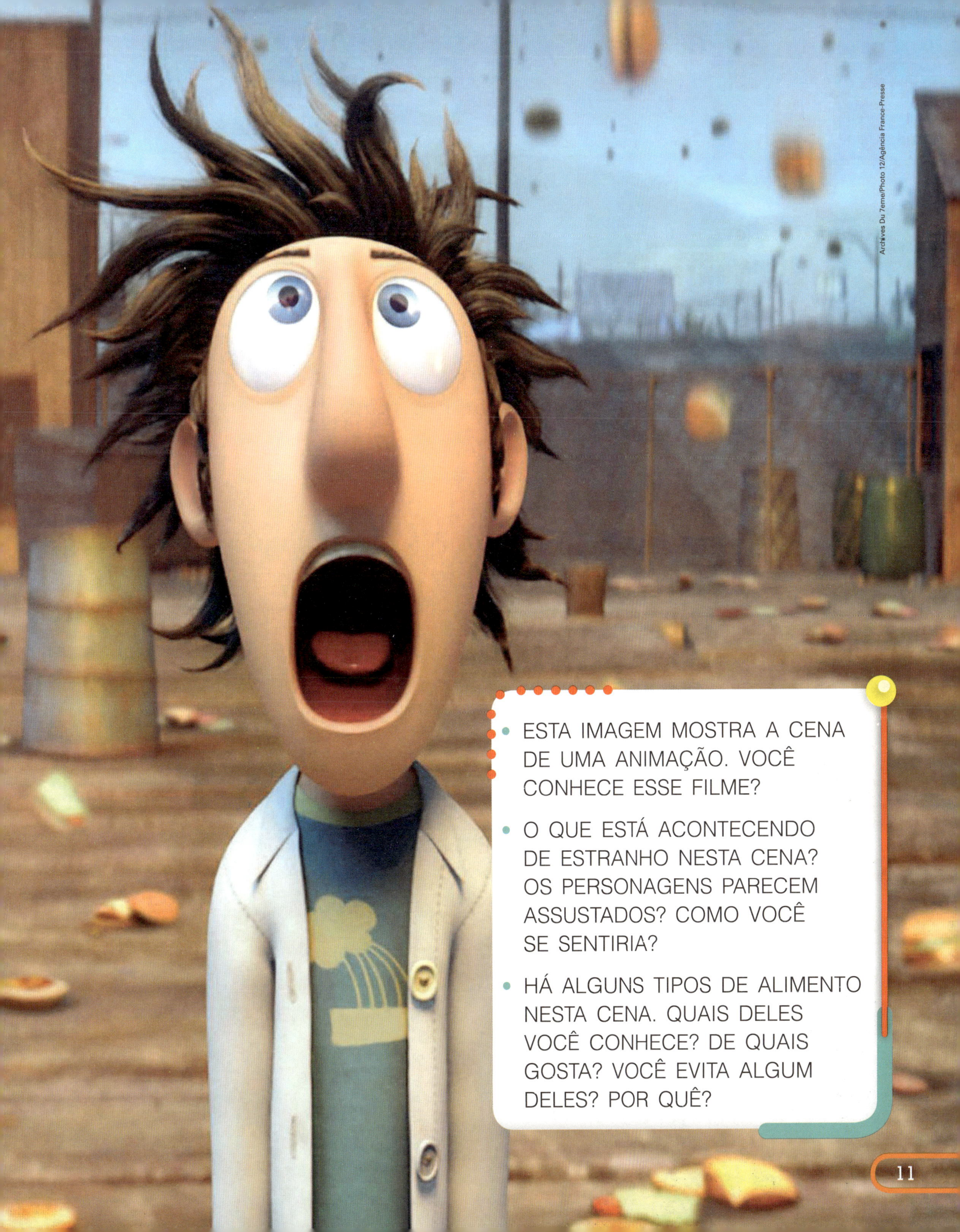

Archives Du 7eme/Photo 12/Agência France-Presse

- ESTA IMAGEM MOSTRA A CENA DE UMA ANIMAÇÃO. VOCÊ CONHECE ESSE FILME?
- O QUE ESTÁ ACONTECENDO DE ESTRANHO NESTA CENA? OS PERSONAGENS PARECEM ASSUSTADOS? COMO VOCÊ SE SENTIRIA?
- HÁ ALGUNS TIPOS DE ALIMENTO NESTA CENA. QUAIS DELES VOCÊ CONHECE? DE QUAIS GOSTA? VOCÊ EVITA ALGUM DELES? POR QUÊ?

CAPÍTULO

1 CONTAR E ENCANTAR

LEITURA 1

VOCÊ VAI OUVIR A HISTÓRIA DE DUAS IRMÃS MUITO DIFERENTES. SERÁ QUE AS AÇÕES DESSAS IRMÃS PODERIAM MUDAR A VIDA DELAS?

OUÇA A LEITURA PARA DESCOBRIR.

DIAMANTES E SAPOS

ERA UMA VEZ UMA VIÚVA QUE TINHA DUAS FILHAS. A MAIS NOVA ERA MUITO DOCE E ESTAVA SEMPRE SORRINDO. JÁ A MAIS VELHA ERA RABUGENTA E EGOÍSTA, COMO A MÃE.

AS DUAS VIVIAM INFERNIZANDO A VIDA DA CAÇULA.

UM DIA ELAS A MANDARAM BUSCAR ÁGUA NO POÇO. LÁ A CAÇULA ENCONTROU UMA VELHA QUE LHE PEDIU UM POUCO DE ÁGUA.

“TOME”, DISSE A GAROTA. A VELHA, QUE ERA UMA FADA DISFARÇADA, FICOU TÃO CONTENTE COM A BONDADE DA MOÇA QUE LHE DEU UM DOM SECRETO.

QUANDO CHEGOU EM CASA, ELA FOI REPREENDIDA PORQUE DEMOROU PARA VOLTAR. QUANDO FOI EXPLICAR, UMA CASCATA DE FLORES E DIAMANTES SAIU JUNTO COM AS PALAVRAS, POIS ERA ESSE SEU DOM SECRETO.

“VÁ ATÉ O POÇO, DEPRESSA!”, A MÃE ORDENOU À FILHA MAIS VELHA.

Bruno Nunes/Arquivo da editora

A RABUGENTA CORREU ATÉ LÁ E ENCONTROU UMA JOVEM SENHORA QUE LHE PEDIU UM POUCO DE ÁGUA.

"NÃO DOU." A JOVEM SENHORA, QUE ERA UMA FADA, FICOU TÃO IRRITADA COM A GROSSERIA DA MOÇA QUE LHE DEU UM DOM SECRETO.

QUANDO A RABUGENTA CHEGOU EM CASA E ABRIU A BOCA PARA CONTAR O QUE TINHA ACONTECIDO, CUSPIU SAPOS, LAGARTOS E COBRAS!

A CAÇULA FOI EXPULSA DE CASA. MAS UM PRÍNCIPE A ENCONTROU E, ENCANTADO COM SUA BELEZA E COM AS PRECIOSIDADES QUE LHE SAÍAM DA BOCA, PEDIU-A EM CASAMENTO. QUANTO À FILHA MAIS VELHA, NINGUÉM QUERIA CHEGAR PERTO DELA. A INFELIZ PASSOU O RESTO DA VIDA SOZINHA.

Reprodução/Ed. Companhia das Letrinhas

ESSE TEXTO É UMA VERSÃO DO CONTO ORIGINAL DE CHARLES PERRAULT E FAZ PARTE DO LIVRO **MEU PRIMEIRO LIVRO DE CONTOS DE FADAS**, RECONTADOS POR MARY HOFFMAN. SÃO PAULO: COMPANHIA DAS LETRINHAS, 2003.

Bruno Nunes/ Arquivo da editora

ATIVIDADES

1 O FINAL DA HISTÓRIA FOI COMO VOCÊ IMAGINOU? CONTE AOS COLEGAS E OUÇA O FINAL QUE ELES IMAGINARAM.

2 PINTE SOMENTE OS PERSONAGENS QUE APARECEM NA HISTÓRIA **DIAMANTES E SAPOS**.

Ilustrações: Chris Eich/Arquivo da editora

- MARQUE COM UM **X** OS PERSONAGENS QUE VOCÊ PINTOU.

☐ DRAGÃO
☐ FADA
☐ SAPO
☐ REI
☐ PRÍNCIPE
☐ FILHA CAÇULA

3 LIGUE AS DUAS COLUNAS.

FILHA MAIS VELHA

FILHA MAIS NOVA

Bruno Nunes/Arquivo da editora

4 A VIDA DA FILHA CAÇULA ERA TRANQUILA? POR QUÊ?

____

____

5 POR QUE A MÃE PEDIU QUE A FILHA MAIS VELHA TAMBÉM FOSSE AO POÇO?

____

____

6 O PLANO DE MANDAR A FILHA MAIS VELHA ATÉ O POÇO FUNCIONOU? POR QUÊ?

____

____

7 VOCÊ GOSTOU DESSA HISTÓRIA? POR QUÊ?

MERGULHO NA ESCRITA

ALFABETO E ORDEM ALFABÉTICA

1 VOCÊ REPAROU QUE OS PERSONAGENS DA HISTÓRIA NÃO TÊM NOMES? QUE TAL IMAGINAR COMO AS IRMÃS PODERIAM SE CHAMAR? PARA FICAR BEM VARIADO, VAMOS ENCONTRAR UM NOME COM CADA UMA DAS LETRAS DO ALFABETO.

A) VAMOS COMEÇAR? A PRIMEIRA LETRA JÁ ESTÁ ESCRITA.

A	**J**	**S**
B	**K**	**T**
C	**L**	**U**
D	**M**	**V**
E	**N**	**W**
F	**O**	**X**
G	**P**	**Y**
H	**Q**	**Z**
I	**R**	

B) AGORA, COPIE A PRIMEIRA LETRA DE CADA NOME NA TABELA ABAIXO.

COMO VOCÊ VIU, ESSAS SÃO AS LETRAS DO **ALFABETO**. A ORDEM EM QUE AS LETRAS DO ALFABETO ESTÃO ORGANIZADAS É CHAMADA DE **ORDEM ALFABÉTICA**.

2 VOCÊ JÁ VIU A LISTA DE TELEFONES DE UM CELULAR? EM QUE ORDEM OS NOMES ABAIXO APARECERIAM NESSA LISTA?

JOÃO	ELIAS	CARLA	ALINE	OTÁVIO

____

____

____

____

____

Fabiana Salomão/Arquivo da editora

3 VOCÊ JÁ VIU PALAVRAS COM AS LETRAS **K**, **W** E **Y**?

- RECORTE DE REVISTAS E JORNAIS UMA PALAVRA QUE TENHA A LETRA **K**, OUTRA QUE TENHA A LETRA **W** E OUTRA QUE TENHA A LETRA **Y**. COLE-AS NO QUADRO.

Adilson Farias/Arquivo da editora

AS LETRAS **K**, **W** E **Y** SÃO GERALMENTE ENCONTRADAS EM PALAVRAS ESTRANGEIRAS, EM NOMES DE PESSOAS E EM SÍMBOLOS. POR EXEMPLO: *SHOW*, YARA, KÁTIA, KM (SÍMBOLO DE QUILÔMETRO).

LEITURA 2

LEIA O TÍTULO DA HISTÓRIA ABAIXO E DEPOIS RESPONDA: VOCÊ SE LEMBROU DE ALGUM PERSONAGEM DE CONTO DE FADAS? QUAL?

O SAPATINHO DE CRISTAL

O PRÍNCIPE CHEGOU DESESPERADO ÀQUELES CONFINS. PASSARA POR CENTENAS DE ALDEIAS, OFERECENDO SUA FORTUNA E SEU AMOR À MULHER EM QUEM COUBESSE O SAPATINHO DE CRISTAL.

SEUS SÚDITOS ESTAVAM EXTENUADOS. OS CAVALOS, TRÔPEGOS, SEM FORÇAS PARA CAMINHAR.

ASSIM COMO EM OUTROS LUGARES, TODAS AS MULHERES EXPERIMENTARAM O SAPATINHO, MAS EM NENHUMA DELAS SERVIU.

A COMITIVA ESTAVA PRESTES A PARTIR, QUANDO ALGUÉM INFORMOU QUE UMA LINDA JOVEM, EM SONO PROFUNDO, AINDA NÃO PROVARA O SAPATINHO DE CRISTAL.

EMBORA ASSOLADO PELO DESÂNIMO, O PRÍNCIPE ORDENOU QUE A TROUXESSEM PARA O TESTE.

SEM DELONGAS, CALÇARAM O SAPATINHO NA BELA ADORMECIDA. E, MILAGROSAMENTE, SERVIU-LHE COM PERFEIÇÃO.

O PRÍNCIPE ENTÃO SE APROXIMOU, ENCANTADO, E ABRAÇOU A JOVEM. DEPOIS DEU-LHE UM BEIJO E SE TRANSFORMOU NUM SAPO.

ESSE TEXTO FAZ PARTE DO LIVRO **HISTÓRIAS PARA SONHAR ACORDADO**, DE JOÃO ANZANELLO CARRASCOZA. SÃO PAULO: SCIPIONE, 2002. P. 6-7.

ASSOLADO: ARRASADO.

COMITIVA: GRUPO QUE ACOMPANHA ALGUÉM.

CONFINS: LUGARES DISTANTES.

DELONGAS: DEMORA.

EXTENUADOS: CANSADOS; ESGOTADOS.

TRÔPEGOS: SEM CONSEGUIR MAIS ANDAR.

ATIVIDADES

Bruno Nunes/Arquivo da editora

1 QUEM O PRÍNCIPE ESTAVA PROCURANDO?

____

____

____

____

____

2 VOCÊ DESCOBRIU REFERÊNCIAS A OUTRAS HISTÓRIAS NESSE TEXTO? QUAIS? ASSINALE AS ALTERNATIVAS CORRETAS COM UM **X**.

- [ ] RAPUNZEL
- [ ] CHAPEUZINHO VERMELHO
- [ ] A BELA ADORMECIDA
- [ ] CINDERELA
- [ ] O PRÍNCIPE SAPO
- [ ] A BELA E A FERA

3 ESCOLHA UMA DAS HISTÓRIAS CITADAS NA QUESTÃO ANTERIOR PARA CONTAR A SEUS COLEGAS.

4 O DESENROLAR DA HISTÓRIA **O SAPATINHO DE CRISTAL** SURPREENDEU VOCÊ? POR QUÊ?

____

____

____

____

____

5 EM SUA OPINIÃO, O CONTO **O SAPATINHO DE CRISTAL** TEM FINAL FELIZ?

6 DE QUE OUTRO JEITO ESSE CONTO PODERIA TERMINAR? ESCREVA E DESENHE O FINAL QUE VOCÊ IMAGINOU.

Fabiana Salomão/Arquivo da editora

MERGULHO NA ESCRITA

TIPOS DE LETRAS

1 LEIA E OBSERVE O TIPO DE LETRA USADO EM CADA SITUAÇÃO.

FOLHETO DE MERCADO

Fotos: 1. Sérgio Dotta Jr./Arquivo da editora; 2. maxim ibragimov/Shutterstock/Glow Images; 3. Marisa Martin/Arquivo da editora; 4. A. Parramón/AP Photo; 5. Sérgio Dotta Jr./Arquivo da editora.

LISTA DE COMPRAS

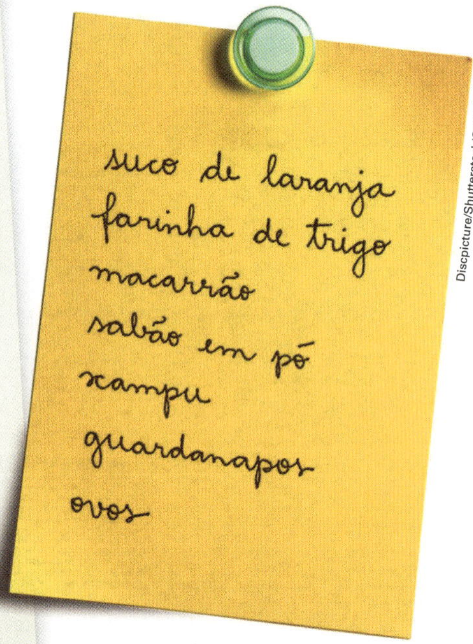

Discpicture/Shutterstock/Glow Images

2 LIGUE CADA PRODUTO DO FOLHETO AO NOME DELE.

AS IMAGENS DESTAS PÁGINAS NÃO ESTÃO REPRESENTADAS EM PROPORÇÃO.

SUCO DE MANGA

extrato de tomate

GEL DENTAL

ovos

MACARRÃO

3 ESCREVA O NOME DE CADA PRODUTO DA LISTA.

A) *suco de laranja* ______________________________

B) *farinha de trigo* ______________________________

C) *macarrão* ______________________________

D) *sabão em pó* ______________________________

E) *xampu* ______________________________

F) *guardanapos* ______________________________

G) *ovos* ______________________________

4 LIGUE AS PALAVRAS IGUAIS, MAS ESCRITAS COM LETRAS DE TIPOS DIFERENTES.

PRINCESA rei *princesa* *bruxa*

rei BRUXA princesa REI bruxa

5 AGORA PINTE DE UMA MESMA COR PALAVRAS DIFERENTES, MAS ESCRITAS COM LETRAS DO MESMO TIPO.

POÇO *sapo* **sopa** CANTO

soma SONHO **ouro**

sono

TEXTO **testa** *conta* *teste*

6 CIRCULE AS PALAVRAS ESCRITAS COM LETRA CURSIVA.

castelo casamento *cavalo*

ALDEIA *segredo*

BARCO PRÍNCIPE *sapato* cristal

7 VOCÊ JÁ REPAROU QUE NEM TODOS OS CONTOS DE FADAS TÊM FADAS? MAS TODOS TÊM MAGIA, ENCANTAMENTOS OU FEITIÇOS, CERTO? E O QUE MAIS PODEMOS ENCONTRAR NESSES CONTOS?

- FAÇA, COM SEUS COLEGAS, UMA LISTA DE ELEMENTOS QUE COSTUMAM APARECER NOS CONTOS DE FADAS.

Adilson Farias/Arquivo da editora

8 FAÇA UMA PESQUISA EM JORNAIS E REVISTAS. DEPOIS, RECORTE E COLE NO ESPAÇO ABAIXO PELO MENOS DUAS PALAVRAS QUE APARECERAM NA SUA LISTA.

MEUS TEXTOS

CONTO DE FADAS – APRESENTAÇÃO ORAL

OS CONTOS DE FADAS MAIS CONHECIDOS SÃO HISTÓRIAS ANTIGAS QUE FORAM CONTADAS E RECONTADAS POR MUITAS GERAÇÕES.

AGORA É SUA VEZ DE CRIAR UM CONTO DE FADAS PARA CONTAR A UM COLEGA. VAMOS COMEÇAR?

PLANEJAMENTO

1. OBSERVE OS ADESIVOS DO **MATERIAL COMPLEMENTAR**, ESCOLHA QUATRO IMAGENS E PENSE EM UMA HISTÓRIA.
2. COLOQUE OS ADESIVOS QUE VOCÊ ESCOLHEU NO QUADRO ABAIXO, MONTANDO SUA HISTÓRIA. POR ENQUANTO, NÃO COLE OS ADESIVOS.
3. PENSE EM UM TÍTULO PARA SUA HISTÓRIA.

4 FAÇA DUPLA COM UM COLEGA DA CLASSE E CONTE SUA HISTÓRIA PARA ELE. EM SEGUIDA, OUÇA O CONTO QUE ELE IMAGINOU.

REVISÃO

5 DEPOIS, COM A AJUDA DO SEU COLEGA, FAÇA A REVISÃO.

	SIM	PRECISO FAZER/ REFAZER
VOCÊ SE PREPAROU PARA CONTAR A HISTÓRIA, FALANDO COM CALMA E SEM SE REPETIR?		
VOCÊ CRIOU UM TÍTULO PARA A HISTÓRIA?		
SEU CONTO TINHA COMEÇO, MEIO E FIM?		
A SUA HISTÓRIA FOI ENTENDIDA PELO SEU COLEGA?		

6 PENSE NOS AJUSTES QUE DEVEM SER FEITOS EM SUA HISTÓRIA E CONTE-A PARA SI MESMO, IMAGINANDO O QUE PODE SER MELHORADO. SEU COLEGA TAMBÉM VAI FAZER ACERTOS NA HISTÓRIA DELE.

7 COLE OS ADESIVOS NO QUADRO.

MEU TEXTO

8 AGORA QUE VOCÊ JÁ REVISOU O SEU CONTO DE FADAS, APRESENTE-O NOVAMENTE AO SEU COLEGA E OUÇA A HISTÓRIA DELE.

- SE QUISER, FAÇA UMA DUPLA COM UM COLEGA DIFERENTE E CONTEM SUAS HISTÓRIAS UM AO OUTRO, ASSIM TODOS TERÃO OPORTUNIDADE DE CONHECER MAIS UM CONTO DE FADAS.

ATIVIDADES DO CAPÍTULO

1. OS CONTOS DE FADAS COSTUMAM TER CARACTERÍSTICAS SEMELHANTES. ASSINALE O QUE, GERALMENTE, ELES TÊM EM COMUM.

Adilson Farias/Arquivo da editora

- [ ] INFORMAM COM PRECISÃO O LOCAL E A DATA DOS ACONTECIMENTOS.
- [ ] OS PERSONAGENS PRINCIPAIS SEMPRE SÃO ANIMAIS.
- [ ] DURANTE OS CONTOS, ALGUMA SITUAÇÃO MÁGICA ACONTECE (UM FEITIÇO, UMA TRANSFORMAÇÃO).
- [ ] O NOME DE CADA CONTO É IGUAL AO DE UM DOS PRINCIPAIS PERSONAGENS DA HISTÓRIA.
- [ ] SABEMOS SEMPRE QUEM CRIOU ESSES CONTOS.
- [ ] COSTUMAM COMEÇAR COM “ERA UMA VEZ...”.
- [ ] TERMINAM COM FINAL FELIZ PARA OS PERSONAGENS BONS.

2. EM BIBLIOTECAS E LIVRARIAS, PODEMOS ENCONTRAR OS LIVROS ORGANIZADOS EM ORDEM ALFABÉTICA. COPIE OS NOMES DE LIVROS DO QUADRO SEGUINDO ESSA ORDEM.

CINDERELA   DIAMANTES E SAPOS

BRANCA DE NEVE E OS SETE ANÕES   RAPUNZEL

____

____

____

3. EM SUA OPINIÃO, POR QUE OS LIVROS DA BIBLIOTECA SÃO ORGANIZADOS EM ORDEM ALFABÉTICA?

____

____

____

____

Hagaquezart estúdio/Arquivo da editora

CAPÍTULO

2 CONTAR E LEMBRAR

LEITURA 1

VOCÊ VAI OUVIR A HISTÓRIA DE UMA GALINHA QUE ENCONTROU UM GRÃO DE TRIGO.

O QUE SERÁ QUE A GALINHA FARÁ COM ESSE GRÃO?

A GALINHA RUIVA

UM DIA UMA GALINHA RUIVA ENCONTROU UM GRÃO DE TRIGO.

— QUEM ME AJUDA A PLANTAR ESTE TRIGO? — PERGUNTOU AOS SEUS AMIGOS.

— EU NÃO — DISSE O CÃO.

— EU NÃO — DISSE O GATO.

— EU NÃO — DISSE O PORQUINHO.

— EU NÃO — DISSE O PERU.

— ENTÃO EU PLANTO SOZINHA — DISSE A GALINHA. — COCORICÓ! — E FOI ISSO MESMO QUE ELA FEZ. [...]

Fabiana Salomão/Arquivo da editora

— QUEM ME AJUDA A COLHER O TRIGO? — PERGUNTOU A GALINHA AOS SEUS AMIGOS.

— EU NÃO — DISSE O CÃO.

— EU NÃO — DISSE O GATO.

— EU NÃO — DISSE O PORQUINHO.

— EU NÃO — DISSE O PERU.

— ENTÃO EU COLHO SOZINHA — DISSE A GALINHA. — COCORICÓ!

E FOI ISSO MESMO QUE ELA FEZ.

— QUEM ME AJUDA A DEBULHAR O TRIGO? — PERGUNTOU A GALINHA AOS SEUS AMIGOS.

— EU NÃO — DISSE O CÃO.

— EU NÃO — DISSE O GATO.

— EU NÃO — DISSE O PORQUINHO.

— EU NÃO — DISSE O PERU.

— ENTÃO EU DEBULHO SOZINHA — DISSE A GALINHA. — COCORICÓ!

E FOI ISSO MESMO QUE ELA FEZ.

DEBULHAR: TIRAR OS GRÃOS; DESCASCAR.

MOINHO: MÁQUINA DE MOER GRÃOS OU CASA ONDE ESTÁ INSTALADA A MÁQUINA.

— QUEM ME AJUDA A LEVAR O TRIGO AO MOINHO? — PERGUNTOU A GALINHA AOS SEUS AMIGOS.

— EU NÃO — DISSE O CÃO.

— EU NÃO — DISSE O GATO.

— EU NÃO — DISSE O PORQUINHO.

— EU NÃO — DISSE O PERU.

— ENTÃO EU LEVO SOZINHA — DISSE A GALINHA. — COCORICÓ!

E FOI ISSO MESMO QUE ELA FEZ.

QUANDO, MAIS TARDE, VOLTOU COM A FARINHA, PERGUNTOU:

— QUEM ME AJUDA A ASSAR ESSA FARINHA?

— EU NÃO — DISSE O CÃO.

— EU NÃO — DISSE O GATO.

— EU NÃO — DISSE O PORQUINHO.

— EU NÃO — DISSE O PERU.

— ENTÃO EU ASSO SOZINHA — DISSE A GALINHA. — COCORICÓ!

A GALINHA RUIVA ASSOU A FARINHA E COM ELA FEZ UM LINDO PÃO.

E AGORA, O QUE VOCÊ ACHA QUE VAI ACONTECER?

Fabiana Salomão/Arquivo da editora

ACOMPANHE O ÚLTIMO TRECHO DESSA HISTÓRIA E COMPLETE-O COM O NOME DOS PERSONAGENS.

— QUEM QUER COMER ESSE PÃO? — PERGUNTOU A GALINHA.

— EU QUERO — DISSE O ______________________.

— EU QUERO — DISSE O ______________________.

— EU QUERO — DISSE O ______________________.

— EU QUERO — DISSE O ______________________.

— ISSO É QUE NÃO! SOU EU QUEM VAI COMER ESSE PÃO! — DISSE A GALINHA. — COCORICÓ!

E FOI ISSO MESMO QUE ELA FEZ.

VOCÊ IMAGINAVA ESSE FINAL? O QUE VOCÊ ACHOU DELE?

CONVERSE COM SEUS COLEGAS E INVENTE OUTRO FINAL PARA ESSA HISTÓRIA!

ESSE TEXTO FAZ PARTE DO LIVRO **O LIVRO DAS VIRTUDES PARA CRIANÇAS**, DE WILLIAM J. BENNETT. RIO DE JANEIRO: NOVA FRONTEIRA, 1997. P. 46. (ADAPTADO).

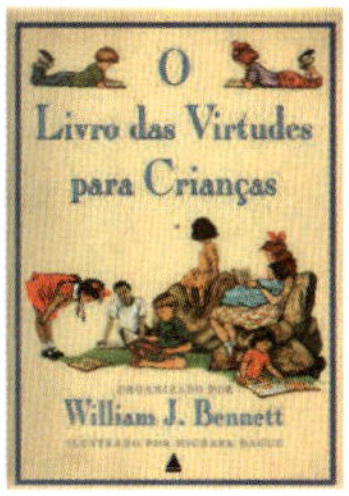

ATIVIDADES

1 O CÃO, O GATO, O PORQUINHO E O PERU FORAM SOLIDÁRIOS COM A GALINHA RUIVA? POR QUÊ? CONVERSE COM SEUS COLEGAS.

Fabiana Salomão/Arquivo da editora

2 VOCÊ DEVE TER NOTADO QUE MUITAS PASSAGENS DO TEXTO SÃO REPETIÇÕES. ESCREVA O NOME DOS PERSONAGENS QUE DISSERAM:

A) "EU NÃO"

____

____

B) "EU QUERO"

____

____

C) "QUEM ME AJUDA A [...]"

____

____

3 NUMERE EM ORDEM AS AÇÕES QUE A GALINHA REALIZOU PARA FAZER O PÃO.

☐ COLHER O TRIGO

☐ ASSAR A FARINHA

☐ LEVAR O TRIGO AO MOINHO

☐ PLANTAR O TRIGO

☐ DEBULHAR O TRIGO

Fabiana Salomão/ Arquivo da editora

4 VOCÊ SABE POR QUE ALGUMAS PARTES DO TEXTO SE REPETEM? ABAIXO ESTÃO ALGUMAS EXPLICAÇÕES. TODAS ELAS ESTÃO CORRETAS.

A) PORQUE O TEXTO FICA MAIS FÁCIL DE SER CONTADO.

B) PORQUE AJUDA NA MEMORIZAÇÃO DA HISTÓRIA POR QUEM OUVE OU LÊ.

C) PORQUE CONTAR A HISTÓRIA SE TORNA UMA BRINCADEIRA.

- ESCOLHA UMA DAS EXPLICAÇÕES E DÊ A SUA OPINIÃO SOBRE ELA. VOCÊ ACHA QUE ESSA EXPLICAÇÃO É BOA OU RUIM? POR QUÊ?

MERGULHO NA ESCRITA

VOGAIS E CONSOANTES

1 COMPLETE O NOME DOS ANIMAIS DA HISTÓRIA COM AS LETRAS QUE ESTÃO FALTANDO:

[1]

C ____ ____

[2]

P ____ R ____

[3]

P ____ RQ ____ ____ NH____

[4]

G ____ T ____

[5]

G ____ L ____ NH ____

Fotos: [1] Eric Isselee/Shutterstock/Glow Images; [2] Veleknez/Shutterstock/Glow Images; [3]Tsekhmister/Shutterstock/Glow Images; [4] Deep OV/Shutterstock/Glow Images; [5] stockphoto mania/Shutterstock/Glow Images

A) ESCREVA EM ORDEM ALFABÉTICA AS LETRAS QUE VOCÊ USOU PARA COMPLETAR O NOME DOS ANIMAIS.

____

B) VOCÊ SABE COMO CHAMAMOS ESSE GRUPO DE LETRAS? ESCREVA.

____

NO ALFABETO, TEMOS VOGAIS E CONSOANTES.

AS LETRAS **A**, **E**, **I**, **O**, **U** SÃO CHAMADAS DE **VOGAIS**.

AS LETRAS **B**, **C**, **D**, **F**, **G**, **H**, **J**, **L**, **M**, **N**, **P**, **Q**, **R**, **S**, **T**, **V**, **X**, **Z** SÃO CHAMADAS DE **CONSOANTES**.

2 PINTE AS VOGAIS DE **AZUL** E AS CONSOANTES DE **LARANJA**.

A	B	C	D	E	F	G	H	I
J	K	L	M	N	O	P	Q	R
S	T	U	V	W	X	Y	Z	

A LETRA **K** REPRESENTA CONSOANTE (KARINA). A LETRA **W** REPRESENTA CONSOANTE (WAGNER) OU VOGAL (WILLIAM). E A LETRA **Y** REPRESENTA VOGAL (YASMIN).

3 ESCREVA A QUANTIDADE DE VOGAIS E CONSOANTES DE CADA PALAVRA.

	VOGAL	CONSOANTE
PÃO		
GALINHA		

Fabiana Salomão/Arquivo da editora

4 COPIE A PALAVRA DO QUADRO QUE RESPONDE A CADA UMA DAS ADIVINHAS.

RUIVA	COCORICÓ	TRIGO	ASSO	FARINHA	CÃO

A) PALAVRA COM QUATRO CONSOANTES E QUATRO VOGAIS.

____

B) PALAVRA COM TRÊS CONSOANTES E DUAS VOGAIS.

____

C) PALAVRA COM DUAS CONSOANTES E TRÊS VOGAIS.

____

LEITURA 2

VOCÊ VAI OUVIR MAIS UM CONTO DE REPETIÇÃO. NESTA HISTÓRIA, UMA CASA FEITA POR UM PERSONAGEM É O CENÁRIO PARA DIVERSOS ACONTECIMENTOS!

O QUE VOCÊ ACHA QUE PODE ACONTECER EM UMA CASA QUE TEM UM BAÚ CHEIO DE BRINQUEDOS? OUÇA A HISTÓRIA.

A CASA QUE PEDRO FEZ

ESTA É A CASA QUE PEDRO FEZ.
ESTE É O BAÚ CHEIO DE BRINQUEDOS
QUE ESTÁ NA CASA QUE PEDRO FEZ.

ESTE É O RATO
QUE ROEU OS BRINQUEDOS DO BAÚ
QUE ESTÁ NA CASA QUE PEDRO FEZ.

ESTE É O GATO
QUE PEGOU O RATO
QUE ROEU OS BRINQUEDOS DO BAÚ
QUE ESTÁ NA CASA QUE PEDRO FEZ.

ESTE É O CÃO
QUE MORDEU O GATO
QUE PEGOU O RATO
QUE ROEU OS BRINQUEDOS DO BAÚ
QUE ESTÁ NA CASA QUE PEDRO FEZ.

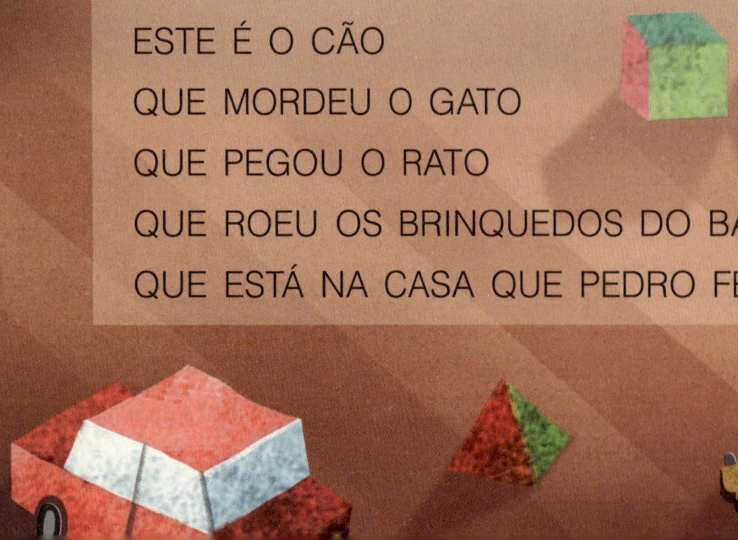

ESTA É A VACA
QUE CORREU ATRÁS DO CÃO
QUE MORDEU O GATO
QUE PEGOU O RATO
QUE ROEU OS BRINQUEDOS DO BAÚ
QUE ESTÁ NA CASA QUE PEDRO FEZ.

ESTA É A MOÇA
QUE TIROU O LEITE DA VACA
QUE CORREU ATRÁS DO CÃO
QUE MORDEU O GATO
QUE PEGOU O RATO
QUE ROEU OS BRINQUEDOS DO BAÚ
QUE ESTÁ NA CASA QUE PEDRO FEZ.

Bruno Nunes/Arquivo da editora

Bruno Nunes/Arquivo da editora

ESTE É O MOLEQUE
QUE ROUBOU O BALDE DA MOÇA
QUE TIROU O LEITE DA VACA
QUE CORREU ATRÁS DO CÃO
QUE MORDEU O GATO
QUE PEGOU O RATO
QUE ROEU OS BRINQUEDOS DO BAÚ
QUE ESTÁ NA CASA QUE PEDRO FEZ.

ESTE É O HOMEM
QUE CASTIGOU O MOLEQUE
QUE ROUBOU O BALDE DA MOÇA
QUE TIROU O LEITE DA VACA
QUE CORREU ATRÁS DO CÃO
QUE MORDEU O GATO
QUE PEGOU O RATO
QUE ROEU OS BRINQUEDOS DO BAÚ
QUE ESTÁ NA CASA QUE PEDRO FEZ.

ESTE É O GALO
QUE ACORDOU O HOMEM
QUE CASTIGOU O MOLEQUE
QUE ROUBOU O BALDE DA MOÇA
QUE TIROU O LEITE DA VACA
QUE CORREU ATRÁS DO CÃO
QUE MORDEU O GATO
QUE PEGOU O RATO
QUE ROEU OS BRINQUEDOS DO BAÚ
QUE ESTÁ NA CASA QUE PEDRO FEZ.

ESTE É PEDRO, FINALMENTE...
PEDRO QUE CRIOU O GALO
QUE ACORDOU O HOMEM
QUE CASTIGOU O MOLEQUE
QUE ROUBOU O BALDE DA MOÇA
QUE TIROU O LEITE DA VACA
QUE CORREU ATRÁS DO CÃO
QUE MORDEU O GATO
QUE PEGOU O RATO
QUE ROEU OS BRINQUEDOS DO BAÚ
QUE ESTÁ NA CASA QUE PEDRO FEZ.

ESSE TEXTO FOI RETIRADO DO LIVRO **A CASA QUE PEDRO FEZ**, DE IRAMI B. SILVA E ERDNA PERUGINE NAHUM. SÃO PAULO: SCIPIONE, 1995.

ATIVIDADES

1 MARQUE COM UM **X** O NOME DO ANIMAL QUE ROEU OS BRINQUEDOS DO BAÚ.

Bruno Nunes/
Arquivo da editora

- [ ] O GATO
- [ ] O GALO
- [ ] O RATO
- [ ] O CÃO
- [ ] A VACA

2 COMO O CÃO PARTICIPA DESSA HISTÓRIA? O QUE ELE FAZ?

____

3 VOCÊ NOTOU QUE O TEXTO É DIVIDIDO EM PEQUENOS BLOCOS? OBSERVE ISSO COM A AJUDA DO PROFESSOR. DEPOIS, RESPONDA ÀS QUESTÕES ABAIXO.

A) TODOS OS BLOCOS TERMINAM COM A MESMA FRASE. QUAL É ELA?

____

B) OS BLOCOS TÊM O MESMO TAMANHO? POR QUE VOCÊ ACHA QUE ISSO ACONTECE?

4 ALÉM DE PEDRO, HÁ OUTRAS PESSOAS NA HISTÓRIA? QUEM?

____

____

____

5 O QUE VOCÊ ACHOU DA ATITUDE DO MOLEQUE? POR QUÊ?

6 DE QUAL DOS DOIS CONTOS DE REPETIÇÃO VOCÊ GOSTOU MAIS? POR QUÊ?

7 OBSERVE AS IMAGENS E RELEIA OS TRECHOS A SEGUIR. LIGUE CADA CENA AO TRECHO CORRESPONDENTE.

PEDRO QUE CRIOU O GALO

O GALO QUE ACORDOU O HOMEM

A VACA QUE CORREU ATRÁS DO CÃO

O CÃO QUE MORDEU O GATO

O GATO QUE PEGOU O RATO

Ilustrações: Bruno Nunes/Arquivo da editora

MERGULHO NA ESCRITA

ESPAÇO ENTRE AS PALAVRAS

1 ESCREVA NOS QUADRINHOS A QUANTIDADE DE PALAVRAS QUE HÁ EM CADA TRECHO DA HISTÓRIA.

☐ ESTE É PEDRO, FINALMENTE...

☐ PEDRO QUE CRIOU O GALO
QUE ACORDOU O HOMEM

☐ O RATO
QUE ROEU OS BRINQUEDOS DO BAÚ
QUE ESTÁ NA CASA QUE PEDRO FEZ

2 VAMOS DESVENDAR UM ENIGMA? COPIE A FRASE A SEGUIR SEPARANDO AS PALAVRAS COM UM ESPAÇO.

OBAÚCHEIODEBRINQUEDOSÉAPARTEPREFERIDADEPEDRONACASAQUEELEFEZ.

____

____

____

____

3 PRESTE ATENÇÃO NO DITADO POPULAR QUE SEU PROFESSOR VAI DIZER E ESCREVA CADA PALAVRA EM UM QUADRINHO.

NA ESCRITA, HÁ UM **ESPAÇO EM BRANCO** QUE SEPARA UMA PALAVRA DA OUTRA. PORÉM, ISSO NÃO É TÃO SIMPLES DE DESCOBRIR, POIS É DIFÍCIL PERCEBER NA FALA QUANDO UMA PALAVRA TERMINA E A OUTRA COMEÇA. QUE TAL FALAR BEM DEVAGAR UMA FRASE PARA PRESTAR ATENÇÃO NAS PALAVRAS QUE FAZEM PARTE DELA?

4 COPIE A CANTIGA FAZENDO A SEPARAÇÃO ENTRE AS PALAVRAS.

OCRAVOBRIGOUCOMAROSA
DEBAIXODEUMASACADA.
OCRAVOSAIUFERIDO
EAROSADESPEDAÇADA.

Fabiana Salomão/Arquivo da editora

MEUS TEXTOS

CARTA COM PEDIDO DE DESCULPAS

IMAGINE QUE UM DOS ANIMAIS AMIGOS DA GALINHA RUIVA (O CÃO, O GATO, O PORQUINHO OU O PERU) TENHA SE ARREPENDIDO DE NÃO TER AJUDADO A AMIGA A PREPARAR O PÃO.

QUE TAL IMAGINAR UMA CARTA EM QUE ESSE AMIGO SE DESCULPA E CONVIDA A GALINHA RUIVA PARA COMER ALGO COM ELE? VAMOS PENSAR MELHOR SOBRE ESSE PLANO?

1 QUAL DOS ANIMAIS VOCÊ ESCOLHEU PARA SER O AMIGO QUE VAI SE ARREPENDER E PEDIR DESCULPAS À GALINHA RUIVA? POR QUÊ?

2 O QUE ESSE AMIGO PODERIA DIZER PARA EXPLICAR POR QUE NÃO AJUDOU A GALINHA RUIVA? É IMPORTANTE ELE ASSUMIR A CULPA PELO QUE FEZ?

3 COMO ESSE AMIGO PODERIA SE DIRIGIR À GALINHA RUIVA NO COMEÇO DA CARTA? ASSINALE TODAS AS ALTERNATIVAS QUE PODERIAM AJUDÁ-LO.

- [ ] TEIMOSA GALINHA RUIVA,
- [ ] ADMIRADA GALINHA RUIVA,
- [ ] GALINHA RUIVA MIMADA,
- [ ] GALINHA RUIVA, MINHA AMIGA,
- [ ] OUTRO: ______________________

4 QUE TAL COMPARTILHAR ALGUMA REFEIÇÃO COM A GALINHA RUIVA? QUE ALIMENTO VOCÊ GOSTARIA DE PREPARAR PARA ELA?

PLANEJAMENTO

5 IMAGINE AGORA, EM DETALHES, COMO SERIA A CARTA QUE O AMIGO DA GALINHA RUIVA ESCREVERIA A ELA. PARA ISSO, VOCÊ VAI SE COLOCAR NO LUGAR DESSE AMIGO E PENSAR NAS SEGUINTES QUESTÕES:

A) COMO VOCÊ VAI SE REFERIR À GALINHA NO COMEÇO DA SUA CARTA?

B) POR QUE VOCÊ GOSTARIA DE SE DESCULPAR COM ELA E DE QUE FORMA VAI FAZER ISSO?

RASCUNHO

6 ESCREVA, EM UMA FOLHA AVULSA, A CARTA DO JEITO QUE VOCÊ IMAGINOU. LEMBRE-SE DE ESCREVER COMO SE VOCÊ FOSSE UM DOS AMIGOS DA GALINHA RUIVA: O CÃO, O GATO, O PORQUINHO OU O PERU.

7 LEIA SUA CARTA PARA UM COLEGA.

REVISÃO

8 CONVERSE COM O COLEGA SOBRE COMO SEU PERSONAGEM SE DESCULPOU NA CARTA E DÊ A SUA OPINIÃO SOBRE A CARTA QUE ELE FEZ.

	SIM	PRECISO FAZER/REFAZER
FOI FEITO UM PEDIDO DE DESCULPAS?		
FOI DITO QUAL ERA O ANIMAL QUE ESTAVA SE DESCULPANDO?		

MEU TEXTO

FAÇA OS AJUSTES E ESCREVA A VERSÃO FINAL DA SUA CARTA.

DEPOIS, O PROFESSOR VAI ESCOLHER QUATRO ALUNOS PARA FAZER A LEITURA DA CARTA PARA A TURMA.

SE VOCÊ FOR ESCOLHIDO, LEMBRE-SE DE FALAR EM VOZ ALTA E DEVAGAR, PARA QUE TODOS OUÇAM.

ATIVIDADES DO CAPÍTULO

1. O QUE AS HISTÓRIAS **A GALINHA RUIVA** E **A CASA QUE PEDRO FEZ** TÊM EM COMUM?

2. VOCÊ CONHECE OUTROS CONTOS DE REPETIÇÃO? QUAIS?

3. SIGA AS LETRAS NA ORDEM ALFABÉTICA E AJUDE A GALINHA RUIVA A CHEGAR ATÉ O TRIGO.

Fabiana Salomão/Arquivo da editora

4. LEIA AS DICAS E COMPLETE A CRUZADINHA.

PERSONAGENS DA HISTÓRIA A GALINHA RUIVA	**PERSONAGENS DA HISTÓRIA** A CASA QUE PEDRO FEZ
1. NOME COM MAIS LETRAS. 2. NOME COM DUAS VOGAIS E DUAS CONSOANTES. 3. NOME DO PERSONAGEM PRINCIPAL. 4. NOME COM MENOS LETRAS.	5. NOME DO PERSONAGEM PRINCIPAL. 6. NOME QUE COMEÇA COM **M** E TEM DUAS LETRAS **E**. 7. NOME COM DUAS VOGAIS IGUAIS. 8. NOME COM CINCO LETRAS.

Ilustrações: [1, 2, 3, 4] Fabiana Salomão/Arquivo da editora e [5, 6, 7, 8] Bruno Nunes/Arquivo da editora

CAPÍTULO 3

COMER, COMER!

LEITURA 1

VOCÊ CONHECE UMA HISTÓRIA EM QUADRINHOS SOBRE UMA PERSONAGEM QUE GOSTA MUITO DE COMER?

ESSA HISTÓRIA EM QUADRINHOS FAZ PARTE DO **GIBI MAGALI: DOCES OU TRAVESSURAS**, DA MAURICIO DE SOUSA PRODUÇÕES. SÃO PAULO: MAURICIO DE SOUSA EDITORA/PANINI COMICS, 2015. N. 5.

Evelson de Freitas/Agência Estado

MAURICIO DE SOUSA

NASCEU NA CIDADE DE SANTA ISABEL, SÃO PAULO, EM 1935. NA INFÂNCIA, ADORAVA DESENHAR E RABISCAR EM SEUS CADERNOS. HOJE, MAURICIO É UM CARTUNISTA MUITO PREMIADO E FAMOSO. É O CRIADOR DA TURMA DA MÔNICA, ALÉM DE VÁRIOS OUTROS PERSONAGENS.

Fabiana Salomão/Arquivo da editora

VOCÊ CONHECIA OS PERSONAGENS DESSA HISTÓRIA EM QUADRINHOS?

JÁ HAVIA LIDO OUTRA HISTÓRIA EM QUADRINHOS DA TURMA DA MÔNICA?

E VOCÊ CONHECIA O CRIADOR DA TURMA DA MÔNICA? O QUE VOCÊ MAIS GOSTOU DE SABER SOBRE ELE?

ATIVIDADES

1 LEIA NOVAMENTE ESTE TRECHO DA HISTÓRIA.

- A PERSONAGEM MAGALI PARECIA FELIZ? POR QUÊ?

____

____

2 E NO FIM DA HISTÓRIA, A MAGALI PARECIA FELIZ? EXPLIQUE.

____

____

3 ASSINALE A RESPOSTA CERTA COM UM **X**.

- NO PRIMEIRO QUADRINHO, COMO A FALA DA MAGALI É REPRESENTADA?

☐ COM TRAVESSÃO.

☐ COM ASPAS.

☐ COM BALÃO DE FALA.

NAS **HISTÓRIAS EM QUADRINHOS**, A IMAGEM É TÃO IMPORTANTE QUANTO O TEXTO ESCRITO PARA A COMPREENSÃO DO QUE ESTÁ SENDO CONTADO.

4 RELEIA A FALA DO SEGUNDO QUADRINHO. QUEM VOCÊ ACHA QUE ESTÁ FALANDO COM A MAGALI?

____

5 OBSERVE NOVAMENTE O SEGUNDO QUADRINHO.

- POR QUE O RABICHO DO BALÃO DE FALA NÃO ESTÁ APONTANDO PARA A BOCA DA MAGALI E SIM PARA FORA DO QUADRINHO?

____

____

6 VOCÊ ACHOU ESSA HISTÓRIA EM QUADRINHOS ENGRAÇADA? POR QUÊ?

MERGULHO NA ESCRITA

FORMAÇÃO DE PALAVRAS

1 RELEIA O TÍTULO DA HISTÓRIA E CONVERSE COM OS COLEGAS SOBRE O DESENHO QUE APARECE NELE.

- VAMOS BRINCAR DE FORMAR NOVAS PALAVRAS?

A) SUBSTITUA A LETRA **O** FINAL POR OUTRA LETRA.

N O V E L ______

B) ENCONTRE OUTRA PALAVRA DENTRO DE **NOVELO**.

☐☐☐☐

2 ESCREVA PALAVRAS COMEÇADAS COM **NOV**.

______

______

______

3 ESCREVA PALAVRAS TERMINADAS COM **ELO**.

______

______

______

4 ESTE É O BICHINHO DE ESTIMAÇÃO DA MAGALI.

GATO

A) VOCÊ TEM UM ANIMAL DE ESTIMAÇÃO? QUAL?

____

____

B) O NOME DO GATO DA MAGALI É MINGAU. POR QUE VOCÊ ACHA QUE ELE TEM ESSE NOME?

5 VAMOS FAZER UMA BRINCADEIRA?

- O PROFESSOR VAI ORGANIZAR DUPLAS ENTRE OS COLEGAS DA CLASSE.
- NAS DUPLAS, UM ALUNO VAI DESAFIAR O OUTRO.
- CADA ALUNO DEVE SUBSTITUR A LETRA INICIAL DA PALAVRA **GATO** E FORMAR OUTRAS PALAVRAS. VALE COLOCAR MAIS DE UMA LETRA.
- GANHA O ALUNO DA DUPLA QUE FORMAR MAIS PALAVRAS.

G**ATO**

LETRAS F E V

1 COMPLETE O NOME DAS FIGURAS COM **F** OU **V**.

_____ ACA

_____ ACA

Catarina Belova/Shutterstock/Glow Images

_____ OTO

_____ OTO

Ilustrações: Fabiana Salomão/Arquivo da editora

_____ ILA

_____ ILA

A) AS PALAVRAS MUDAM DE SENTIDO APENAS COM A TROCA DE **F** E **V**? CONVERSE COM OS COLEGAS SOBRE ISSO.

B) ESCREVA ABAIXO AS DUPLAS DE PALAVRAS.

AS LETRAS **F** E **V** REPRESENTAM SONS PARECIDOS, MAS QUE NÃO SÃO IGUAIS.

A TROCA DE UMA LETRA POR OUTRA MODIFICA O SENTIDO DA PALAVRA.

2 VEJA A CAPA DESTE LIVRO E FAÇA AS ATIVIDADES A SEGUIR.

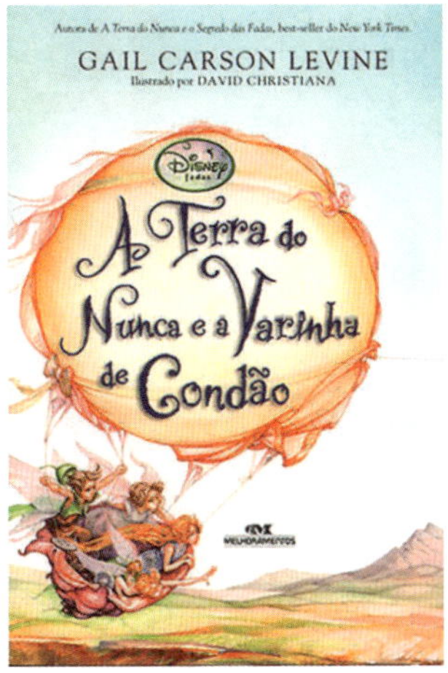

A TERRA DO NUNCA E A VARINHA DE CONDÃO, DE GAIL CARSON LEVINE. SÃO PAULO: MELHORAMENTOS, 2008.

A) O QUE ACONTECE SE TROCARMOS A LETRA **V** PELA LETRA **F** NA PALAVRA **VARINHA**?

____

____

B) SE A LETRA **V** FOSSE TROCADA PELA LETRA **F**, O TÍTULO TERIA O MESMO SENTIDO?

3 ENCONTRE NA IMAGEM ELEMENTOS CUJOS NOMES COMEÇAM COM **F** OU **V**.

- ESCREVA NO QUADRO O NOME DE TRÊS ELEMENTOS QUE VOCÊ ENCONTROU COM CADA UMA DAS LETRAS.

PALAVRAS INICIADAS COM V	PALAVRAS INICIADAS COM F
______________________	______________________
______________________	______________________
______________________	______________________

LEITURA 2

VOCÊ JÁ PREPAROU OU AJUDOU ALGUÉM A PREPARAR ALGUM ALIMENTO? LEIA O TÍTULO DO TEXTO. SOBRE O QUE VOCÊ ACHA QUE ESTE TEXTO VAI TRATAR?

PICOLÉ ARCO-ÍRIS

INGREDIENTES

VOCÊ VAI PRECISAR DE:

- *KIWI*: 50 G
- ÁGUA GELADA: 50 ML
- SUCO DE PÊSSEGO: 100 ML
- SUCO DE MORANGO: 100 ML
- SUCO DE ABACAXI: 100 ML
- LIGA NEUTRA: 20 G

MODO DE PREPARAR

1. BATA O *KIWI* COM A ÁGUA GELADA NO LIQUIDIFICADOR ATÉ VIRAR SUCO.
2. DIVIDA A LIGA NEUTRA EM QUATRO PARTES E COLOQUE UMA PARTE EM CADA UM DOS SUCOS SEPARADAMENTE. MISTURE BEM.
3. PREPARE O PICOLÉ COLOCANDO UM DOS SABORES DE SUCO NA FÔRMA. DEPOIS, LEVE PARA O *FREEZER* E DEIXE LÁ ATÉ ENDURECER.
4. APÓS ISSO, COLOQUE OUTRO SABOR E REPITA ESSE PROCESSO ATÉ COMPLETAR A FÔRMA.
5. POR ÚLTIMO, COLOQUE O PALITO E VOLTE A DEIXAR A FÔRMA NO *FREEZER* ATÉ CONGELAR NOVAMENTE.

DISPONÍVEL EM: <http://disneybabble.uol.com.br/br/cozinhar/receitas-f%c3%a1ceis/picol%c3%a9-arco-%c3%adris-faz-alegria-da-garotada>. ACESSO EM: 12 SET. 2015. TEXTO EDITADO.

Bruno Nunes/Arquivo da editora

PICOLÉ: VOCÊ SABIA?

Elena Shashkina/Shutterstock/ Glow Images

GULOSEIMA COM SABOR DE INFÂNCIA, AMADO POR CRIANÇAS DO MUNDO INTEIRO, O PICOLÉ FOI INVENTADO JUSTAMENTE POR... UMA CRIANÇA. O AMERICANO FRANK EPPERSON (1894-1983) TINHA 11 ANOS QUANDO ESQUECEU UM COPO DE SUCO COM UMA COLHER NO QUINTAL DE CASA, NUMA NOITE EXCEPCIONALMENTE FRIA EM SÃO FRANCISCO, EM 1905. "QUANDO ELE ACORDOU, NA MANHÃ SEGUINTE, DESCOBRIU QUE O SUCO TINHA CONGELADO JUNTO COM A COLHER, QUE HAVIA FICADO PRESA, CRIANDO GELO COM SABOR DE FRUTAS. OU SEJA, O PICOLÉ", CONTA A NUTRICIONISTA MARIANA JACOB, DA UNIVERSIDADE FEDERAL DE SÃO PAULO. [...]

TRECHO DA REPORTAGEM **PICOLÉ É COISA DE CRIANÇA**, DE RAQUEL TEMISTOCLES. DISPONÍVEL EM: <http://revistacasaejardim.globo.com/Revista/Common/0,,ERT213257-16777,00.html>. ACESSO EM: 19 SET. 2015.

Bruno Nunes/Arquivo da editora

ATIVIDADES

1 ORDENE AS FIGURAS QUE MOSTRAM O PREPARO DO PICOLÉ, NUMERANDO-AS.

Ilustrações: Bruno Nunes/Arquivo da editora

2 POR QUE, EM UMA RECEITA, A LISTA DE INGREDIENTES VEM ANTES DO MODO DE PREPARAR?

3 EXPLIQUE A SEUS COLEGAS: O QUE PODERÁ ACONTECER SE VOCÊ ALTERAR A ORDEM DAS ETAPAS DO MODO DE PREPARAR?

4 QUAL A FINALIDADE DA RECEITA, OU SEJA, PARA QUE ELA SERVE?

- [ ] PARA DIVERTIR O LEITOR POR MEIO DE UMA HISTÓRIA COM REPETIÇÕES.
- [ ] PARA ORIENTAR O LEITOR SOBRE COMO PREPARAR UM ALIMENTO.

A **RECEITA** É UM TEXTO QUE EXPLICA COMO PREPARAR UM ALIMENTO. A LISTA DE INGREDIENTES É A PRIMEIRA PARTE DA RECEITA. DEPOIS VEM O MODO DE PREPARAR, COM A EXPLICAÇÃO PASSO A PASSO. AO FINAL, PODE HAVER TAMBÉM UMA INDICAÇÃO DE RENDIMENTO, OU SEJA, DE QUANTAS PORÇÕES A RECEITA RENDE.

5 A RECEITA ORIENTA O LEITOR A REALIZAR DETERMINADAS AÇÕES PARA PREPARAR O ALIMENTO. QUAIS PALAVRAS DEIXAM ISSO EVIDENTE? RELEIA O TEXTO DA PÁGINA 58 E SUBLINHE ESSAS PALAVRAS.

Bruno Nunes/Arquivo da editora

MERGULHO NA ESCRITA

LETRAS D E T

1 LEIA NOVAMENTE UM TRECHO DO TEXTO SOBRE O SURGIMENTO DO PICOLÉ.

> GULOSEIMA COM SABOR DE INFÂNCIA, AMADO POR CRIANÇAS DO MUNDO INTEIRO, O PICOLÉ FOI INVENTADO JUSTAMENTE POR... UMA CRIANÇA. [...]

A) CIRCULE AS PALAVRAS QUE TÊM A LETRA **T**.

B) HÁ PALAVRAS ESCRITAS COM A LETRA **D**? QUAIS?

____

____

2 EM CADA GRUPO, PINTE SOMENTE A PALAVRA QUE SEU PROFESSOR VAI DITAR:

GRUPO 1	GRUPO 2	GRUPO 3
DIA	DADO	QUADRO
TIA	TATO	QUATRO

GRUPO 4	GRUPO 5	GRUPO 6
TELA	GATO	MOTO
DELA	GADO	MODO

3 COMPLETE A CRUZADINHA COM O NOME DAS FIGURAS.

Bruno Nunes/Arquivo da editora

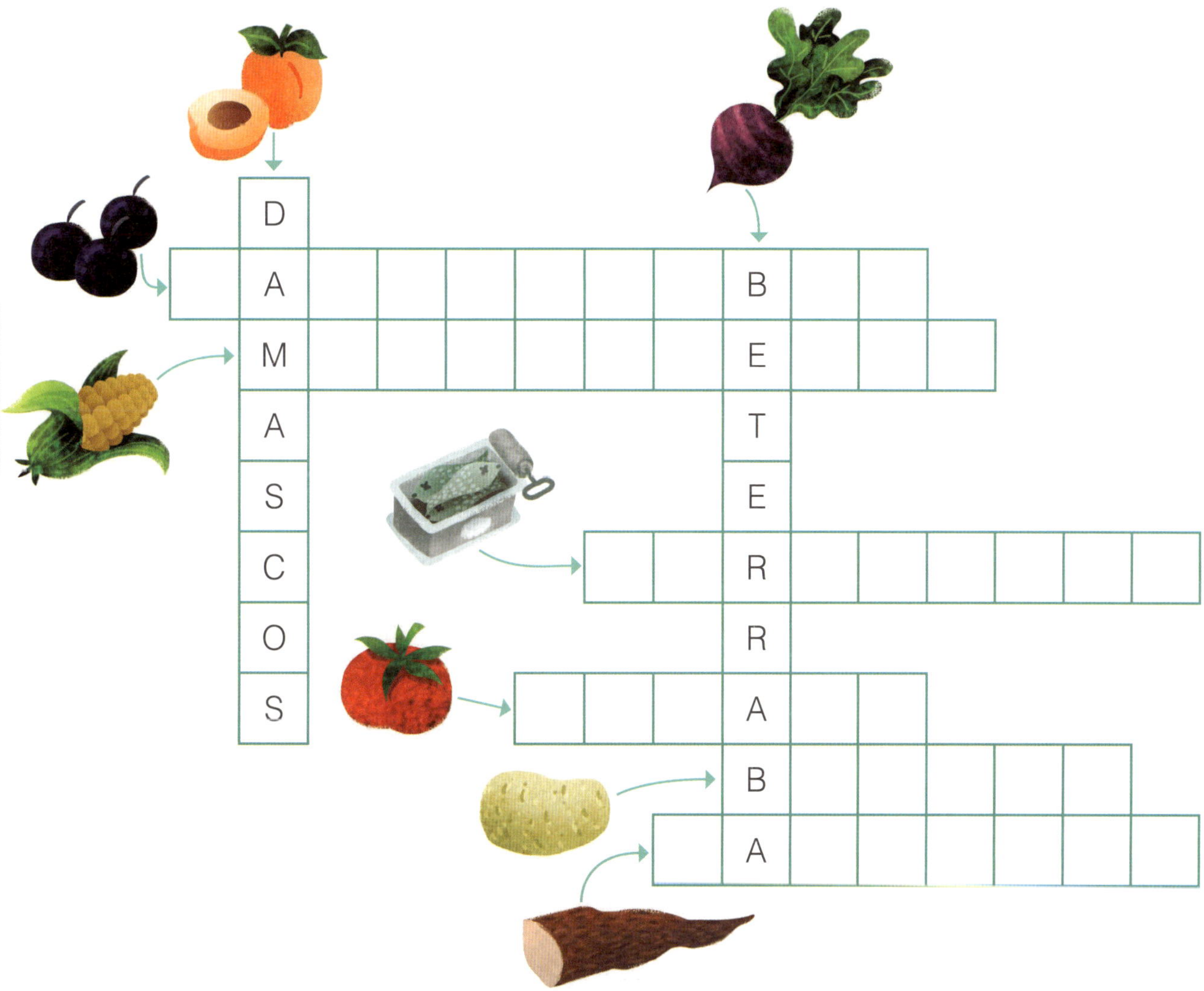

A) ESCREVA AS PALAVRAS QUE TÊM A LETRA **T**.

____

B) ESCREVA AS PALAVRAS QUE TÊM A LETRA **D**.

____

4 ESCREVA O NOME DOS ALIMENTOS QUE SEU PROFESSOR VAI DITAR.

Fabiana Salomão/Arquivo da editora

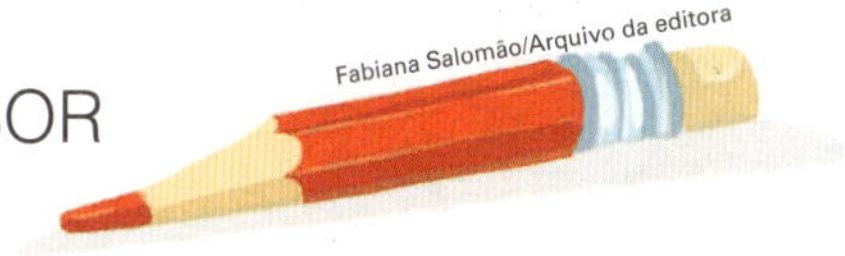

____

____

ENTENDER AS PALAVRAS: DICIONÁRIO

CONHECENDO O DICIONÁRIO

1. VOCÊ SABE O QUE É UM DICIONÁRIO? CONVERSE COM SEUS COLEGAS SOBRE ISSO.

2. LEIA AGORA ESTA TIRINHA DA PERSONAGEM MAFALDA.

© Joaquín Salvador Lavado (Quino)/Acervo do cartunista

TODA MAFALDA, DE QUINO. SÃO PAULO: MARTINS FONTES, 1995. P. 2.

A) QUE LIVRO O PAI DA MAFALDA CONSULTOU?

____

B) VOCÊ SABE PARA QUE SERVE ESSE LIVRO? EXPLIQUE AOS COLEGAS.

C) VOCÊ ACHA QUE A MAFALDA SABE PARA QUE SERVE ESSE LIVRO? POR QUÊ? CONVERSE COM OS COLEGAS.

NO **DICIONÁRIO** ENCONTRAMOS O SIGNIFICADO DAS PALAVRAS E COMO ELAS SÃO ESCRITAS.

3. FOLHEIE UM DICIONÁRIO E OBSERVE COMO SÃO AS SUAS PÁGINAS.

- AGORA, ASSINALE O QUE VOCÊ OBSERVOU NO DICIONÁRIO.

  - [ ] AS PALAVRAS RIMAM.
  - [ ] AS PALAVRAS ESTÃO ORGANIZADAS EM ORDEM ALFABÉTICA.
  - [ ] A PRIMEIRA E A ÚLTIMA PALAVRA DA PÁGINA APARECEM EM DESTAQUE NA PARTE SUPERIOR DA PÁGINA.
  - [ ] AS PALAVRAS ESTÃO ORGANIZADAS EM QUALQUER ORDEM.

4. OBSERVE NOVAMENTE UMA PÁGINA DO DICIONÁRIO. PARA QUE SERVEM AS PALAVRAS QUE ESTÃO EM DESTAQUE NA PARTE SUPERIOR DESSA PÁGINA?

____

____

____

____

____

Vicente Mendonça/Arquivo da editora

MEUS TEXTOS

RECEITA

PENSE NO LANCHE QUE VOCÊ MAIS GOSTA DE COMER QUANDO ESTÁ EM CASA. COMO ELE É FEITO?

AGORA IMAGINE QUE VOCÊ QUEIRA ENSINAR UM AMIGO SEU A FAZER ESSE LANCHE DE QUE VOCÊ TANTO GOSTA E DIVIDIR COM ELE O QUE VOCÊ SABE. QUE TAL ESCREVER A RECEITA DO LANCHE PARA ELE? VAMOS LÁ?

PLANEJAMENTO

1 RESPONDA ÀS PERGUNTAS A SEGUIR EM UMA FOLHA AVULSA.

A) QUAL SERÁ O TÍTULO DA RECEITA?

B) QUAIS SÃO OS INGREDIENTES UTILIZADOS NELA?

C) QUANTO SE DEVE USAR DE CADA INGREDIENTE?

D) COMO É O MODO DE PREPARAR?

E) EU SEI QUANTO É O RENDIMENTO DA MINHA RECEITA? VOU INDICAR ISSO?

Chris Eich/Arquivo da editora

RASCUNHO

2 USANDO AS RESPOSTAS DA ATIVIDADE ANTERIOR, ESCREVA UM RASCUNHO DA RECEITA EM SEU CADERNO. SE NECESSÁRIO, VEJA NOVAMENTE A RECEITA DO PICOLÉ NA PÁGINA 58.

REVISÃO

3 MOSTRE O RASCUNHO PARA ALGUÉM QUE JÁ TENHA FEITO ESSE LANCHE PARA VOCÊ SABER SE FALTA ALGO NA RECEITA QUE ESCREVEU.

	SIM	PRECISO FAZER/ REFAZER
ESQUECI ALGUM INGREDIENTE?		
COLOQUEI AS QUANTIDADES CORRETAS?		
O MODO DE PREPARAR ESTÁ BEM EXPLICADO?		
AS ETAPAS ESTÃO NA ORDEM CERTA?		

4 ESCREVA A VERSÃO FINAL DA SUA RECEITA EM UMA FOLHA À PARTE.

5 COLE UMA FOTOGRAFIA DO LANCHE AO LADO DA LISTA DE INGREDIENTES OU FAÇA UM DESENHO QUE O REPRESENTE.

MEU TEXTO

POR FIM, COMPARTILHE A SUA PRODUÇÃO COM SEU AMIGO. VEJA SE ELE ENTENDEU BEM COMO O LANCHE É FEITO.

VOCÊ PODE TAMBÉM FAZER CÓPIAS DA SUA RECEITA E ENTREGAR AOS COLEGAS DE CLASSE. QUE TAL COMBINAR UM DIA PARA QUE TODOS POSSAM FAZER AS RECEITAS? HUMMM, QUE DELÍCIA!

ATIVIDADES DO CAPÍTULO

1. VAMOS INVENTAR UMA RECEITA DE BRUXA? COMPLETE A LISTA COM O SEU **INGREDIENTE ESPECIAL** E ESCREVA O MODO DE PREPARO.

POÇÃO PARA TRANSFORMAR PRÍNCIPE EM SAPO

INGREDIENTES

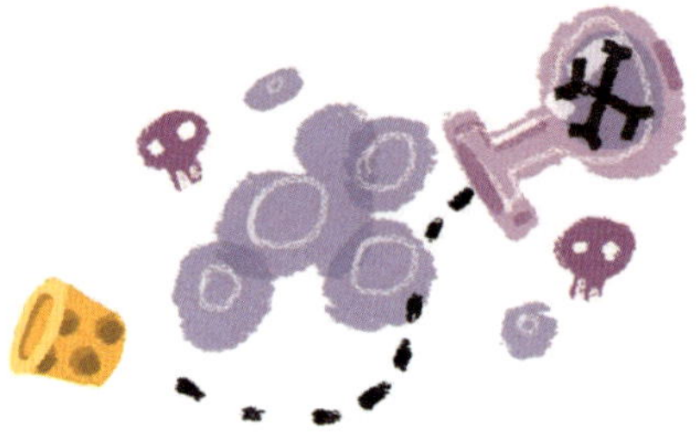

3 PERNAS DE ARANHA

6 GOTAS DE VENENO DE COBRA

1 RABO DE LAGARTIXA

2 UNHAS DE DRAGÃO

____

MODO DE PREPARAR

____

____

____

____

____

____

Fabiana Salomão/Arquivo da editora

2. OBSERVE O QUADRO.

TETO	RODA	DIA	MODO	CATA	GATO

A) O QUE ACONTECE SE VOCÊ TROCAR, NAS PALAVRAS DO QUADRO, AS LETRAS **D** POR **T** E AS LETRAS **T** POR **D**?

____

____

B) ORGANIZE AS PALAVRAS DO QUADRO EM ORDEM ALFABÉTICA.

____

Fabiana Salomão/ Arquivo da editora

3. OBSERVE A LEGENDA E USE OS ADESIVOS DO **MATERIAL COMPLEMENTAR** PARA COMPLETAR A TABELA.

HISTÓRIA EM QUADRINHOS — RECEITA — LISTA — DICIONÁRIO

TEM PERSONAGENS				
TEM SEQUÊNCIA DE ELEMENTOS				
É OU PODE SER ORGANIZADO EM ORDEM ALFABÉTICA				
O OBJETIVO SEMPRE É ENSINAR A FAZER ALGO				
O OBJETIVO É EXPLICAR O SIGNIFICADO DAS PALAVRAS				
O OBJETIVO É DIVERTIR O LEITOR, EMOCIONÁ-LO OU FAZÊ-LO REFLETIR				

O QUE APRENDI?

Archives Du 7eme/Photo 12/Agência France-Presse

1. A IMAGEM QUE VOCÊ VIU NO INÍCIO DA UNIDADE MOSTRA UMA CENA DA ANIMAÇÃO **TÁ CHOVENDO HAMBÚRGUER**. NO FILME, UM CIENTISTA TRANSFORMA ÁGUA EM ALIMENTOS.

A) É POSSÍVEL ÁGUA VIRAR COMIDA NO MUNDO REAL?

B) EM QUAIS OUTRAS HISTÓRIAS DESTA UNIDADE ACONTECEM COISAS QUE SÃO VISTAS SÓ EM HISTÓRIAS IMAGINADAS?

2. DISCUTA COM SEUS COLEGAS:

A) NA HISTÓRIA **A GALINHA RUIVA**, HÁ ANIMAIS QUE COZINHAM, CONVERSAM E TÊM ATITUDES HUMANAS. SERÁ QUE OS ANIMAIS PODEM FAZER TUDO ISSO REALMENTE?

B) E QUANDO UMA PESSOA NÃO SABE COZINHAR, COMO ELA PODE APRENDER?

3. EM QUAIS DAS HISTÓRIAS ABAIXO HÁ UM GATO COMO UM DOS PERSONAGENS PRINCIPAIS?

Adya/Shutterstock/Glow Images

- [ ] NA HISTÓRIA EM QUADRINHOS **NOVELO**.
- [ ] NO CONTO DE REPETIÇÃO **A CASA QUE PEDRO FEZ**.
- [ ] NO CONTO DE FADAS **O SAPATINHO DE CRISTAL**.
- [ ] NO CONTO DE REPETIÇÃO **A GALINHA RUIVA**.

Elya Vatel/Shutterstock/Glow Images

4. O TEXTO ABAIXO FOI ESCRITO PARA FAZER PARTE DE UMA PÁGINA DE DICIONÁRIO, MAS HÁ ALGUNS ERROS QUE PRECISAM SER CONSERTADOS. CONVERSE COM SEUS COLEGAS E PROCUREM DESCOBRIR QUAIS SÃO!

> **VAGA-LUME**: BESOURO QUE APRESENTA ÓRGÃOS QUE BRILHAM NO ESCURO.
>
> **FARINHA**: INSTRUMENTO USADO POR FADAS PARA REALIZAR ALGUM ENCANTO.
>
> **VOGAL**: GRUPO DAS LETRAS **A**, **B**, **C**, **E**, **I**, **O** E **U**.
>
> **VOTO**: FORMA ABREVIADA DE FOTOGRAFIA; RETRATO.

MINHA COLEÇÃO DE PALAVRAS

ESCREVA, COM SUAS PALAVRAS, O QUE VOCÊ ENTENDE POR:

- PERSONAGEM:

____

- ORDEM ALFABÉTICA:

____

____

UNIDADE 2
BRAVO!

- VOCÊ JÁ ESTEVE EM ALGUM ESPETÁCULO COMO ESTE DA FOTO? COMO FOI?
- QUE TIPOS DE ARTISTAS PODEM SER ENCONTRADOS NESTE ESPETÁCULO?
- SERÁ QUE ESTE É UM ESPETÁCULO COM ARTISTAS FAMOSOS?
- VOCÊ SABE O QUE É CANTIGA POPULAR? CONHECE ALGUMA?

CRIANÇA ASSISTINDO A UM ESPETÁCULO SENTADA NOS OMBROS DO PAI EM FESTIVAL EM BARCELONA, ESPANHA. FOTO DE 2014.

Christian Bertrand/Shutterstock/Glow Images

CAPÍTULO 4

RIMA PRA LÁ, RIMA PRA CÁ

LEITURA 1

As cantigas populares são transmitidas de geração em geração.

Você se lembra de alguma cantiga que aprendeu com seus familiares? Qual?

Ouça a leitura desta cantiga e, depois, cante-a com os colegas.

FUI NO ITORORÓ

FUI NO ITORORÓ
BEBER ÁGUA E NÃO ACHEI
ACHEI LINDA MORENA
QUE NO ITORORÓ DEIXEI

APROVEITA MINHA GENTE
QUE UMA NOITE NÃO É NADA
SE NÃO DORMIR AGORA
DORMIRÁ DE MADRUGADA

OH! DONA MARIA,
OH! MARIAZINHA
ENTRA NESTA RODA
OU FICARÁS SOZINHA!

SOZINHA EU NÃO FICO
NEM HEI DE FICAR!
PORQUE EU TENHO O PEDRO
PARA SER O MEU PAR!

Domínio público.

Fabiana Salomão/Arquivo da editora

ATIVIDADES

1 Você percebeu que algumas palavras da cantiga rimam, isto é, terminam com o mesmo som? Leia a cantiga novamente e pinte essas palavras. Depois, complete as frases com as palavras que você pintou.

Achei rima com ______________________________.

Nada rima com ______________________________.

Mariazinha rima com ______________________________.

Ficar rima com ______________________________.

2 Agora tente criar outras rimas para essas palavras.

Achei também rima com ______________________________.

Nada também rima com ______________________________.

Mariazinha também rima com ______________________________.

Ficar também rima com ______________________________.

3 Leia novamente os dois últimos versos da cantiga.

PORQUE EU TENHO O PEDRO
PARA SER O MEU PAR!

a) Pinte a palavra que deve ser substituída para utilizar essa cantiga como brincadeira.

b) Reescreva os versos trocando a palavra que você pintou pelo nome de uma menina.

____

____

4 Você conhece alguma outra cantiga que possa ser usada como brincadeira? Cante-a para os colegas e veja se eles a conhecem.

MERGULHO NA ESCRITA

Letras p e b

1 Leia e cante esta outra cantiga.

Adilson Farias/Arquivo da editora

TREM MALUCO

O TREM MALUCO
QUANDO SAI DE PERNAMBUCO
VAI FAZENDO CHIC, CHIC
ATÉ CHEGAR NO CEARÁ.

REBOLA PAI, REBOLA MÃE, REBOLA FILHA,
EU TAMBÉM SOU DA FAMÍLIA
TAMBÉM QUERO REBOLAR.

Domínio público.

a) Pinte na cantiga as palavras que têm **p** ou **b**. Depois, copie-as na coluna correta.

Palavras que têm a letra p	**Palavras que têm a letra** b

b) Agora, complete o quadro com as palavras que o professor ditar.

2 Consulte o quadro e escreva o nome das figuras.

banda
panda

Zastolskiy Victor/Shutterstock/ Glow Images

Photobank.kiev.ua/Shutterstock/ Glow Images

_______________ _______________

- Essas palavras têm significados diferentes, mas são muito parecidas quando as escrevemos. Qual é a diferença entre elas?

____

3 Encontre no quadro o nome das figuras.

Ilustrações: Adilson Farias/Arquivo da editora

G	V	U	I	J	L	H	O	B	O	M	B	E	I	R	O
E	A	B	R	F	L	O	M	U	R	I	T	I	V	L	U
R	M	B	E	V	A	N	L	Â	M	P	A	D	A	C	O
O	P	U	Q	U	I	D	U	Q	X	U	M	B	I	X	E
P	I	N	C	E	L	A	N	L	O	H	B	C	N	A	G
A	R	I	T	S	C	H	M	L	R	B	O	T	R	O	I
P	O	S	D	F	X	C	A	N	G	U	R	U	K	I	N

a) Copie abaixo as palavras que você encontrou. _______________

____

____

b) Nas palavras que você encontrou, qual é a letra que aparece antes da letra **p**? _______________

c) Qual é a letra que aparece antes da letra **b**? _______________

d) A letra **n** aparece antes de quais letras? _______________

____

ENTENDER AS PALAVRAS: DICIONÁRIO

Pesquisa de palavras

1. Você conheceu a cantiga **Fui no Itororó**. Mas você sabe o que significa **Itororó**? Uma forma segura de descobrir o que essa palavra quer dizer é procurá-la no dicionário. Porém, para pesquisar essa palavra em um dicionário, é preciso observar qual é a sua letra inicial e seguir a ordem alfabética para encontrá-la.

Itororó

I i
J i

◆ ***iceberg*** (aicibérgue) [Inglês] *substantivo*
Massa de gelo flutuante que se desprende do continente e vaga pelos mares: *O comandante do navio estava atento aos **icebergs**.*

ícone (í-co-ne) *substantivo*
1. Símbolo que mantém relação de semelhança com o objeto por ele representado. 2. Em programas de computador, figura que representa um objeto, um arquivo, etc.: *O **ícone** do correio eletrônico é o desenho de um envelope.*

ida (i-da) *substantivo*
1. Atividade ou movimento de ir: *Na **ida** para a escola, encontrei o João.* 2. Viagem: *A primeira **ida** à Lua realizou-se em 1969.*

idade (i-da-de) *substantivo*
1. Número de anos de vida de uma pessoa, de um animal ou de alguma coisa: *Eduardo tem quatro anos de **idade**. Não sei a **idade** desta velha igreja.* 2. Época ou fase da vida: *Mariana já está na **idade** de ir à escola.* 3. Período ou fase da história da humanidade: ***Idade** da Pedra.*

ideia (i-dei-a) *substantivo*
1. Invenção, criação: *Este novo brinquedo foi **ideia** do Paulo.*
2. Plano, projeto: *Estou com a **ideia** de viajar nas férias.*
3. Pensamento: *Esta história triste não me sai da **ideia**.*

idioma (i-di-o-ma) *substantivo*
Língua de uma nação ou de uma região: *O nosso **idioma** é o português. Lúcia fala vários **idiomas**.*

174

Como você pode ver, há muitas outras palavras iniciadas com a mesma letra, por isso é importante observar a sequência das letras da palavra e sempre seguir a ordem alfabética.

Itororó

Essa página foi reproduzida do dicionário **Aurelinho: dicionário infantil ilustrado da língua portuguesa**, de Aurélio Buarque de Holanda Ferreira. Curitiba: Positivo, 2008. p. 174.

2. Para entender a organização do dicionário, escreva as palavras dos quadros em ordem alfabética.

a) fogo estrela sapo ouro hino

b) boneca banana bicho bebê bueiro

c) copo comida coleção coelho coragem

d) inverno invertebrado invenção

3. Agora, procure a palavra **Itororó** no dicionário e copie a definição nas linhas abaixo.

Vicente Mendonça/Arquivo da editora

LEITURA 2

Agora você vai conhecer a letra de uma canção chamada **A Foca**, feita para crianças pelos compositores Vinicius de Moraes e Toquinho.

Você já conhece esta canção? Será que ela é lenta ou agitada?

A FOCA

QUER VER A FOCA
FICAR FELIZ?
É PÔR UMA BOLA
NO SEU NARIZ.

QUER VER A FOCA
BATER PALMINHA?
É DAR A ELA
UMA SARDINHA.

QUER VER A FOCA
FAZER UMA BRIGA?
É ESPETAR ELA
BEM NA BARRIGA!

LÁ VAI A FOCA
TODA ARRUMADA
DANÇAR NO CIRCO
PRA GAROTADA.

LÁ VAI A FOCA
SUBINDO A ESCADA
DEPOIS DESCENDO
DESENGONÇADA.

QUANTO TRABALHA
A COITADINHA
PRA GARANTIR
SUA SARDINHA.

A letra da canção **A Foca**, de Vinicius de Moraes e Toquinho, está disponível em: <www.toquinho.com.br/includes/ver_musicas.inc.php?cod=757&campo=letras&iframe=true&width=500&height=450>. Acesso em: 20 out. 2015.

Reprodução/<www.toquinho.com.br>

A CANÇÃO **A FOCA**, QUE VOCÊ ACABOU DE CONHECER, FAZ PARTE DO CD **A ARCA DE NOÉ**, LANÇADO EM 1980. NO ANO DE 1981, FOI LANÇADO O CD **ARCA DE NOÉ 2**.

OS DOIS CDs APRESENTAM VERSÕES MUSICADAS DE POEMAS DE UM LIVRO PARA CRIANÇAS CHAMADO **A ARCA DE NOÉ**, ESCRITO POR VINICIUS DE MORAES.

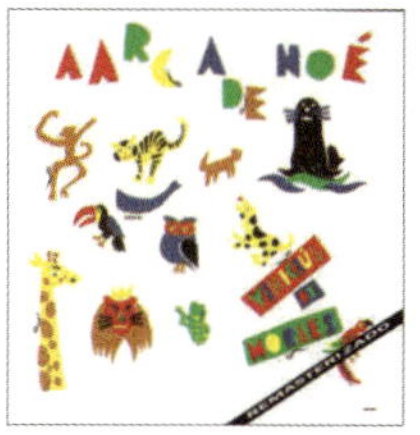

Reprodução/Universal

Reprodução/Universal

Ilustrações: Hagaquezart estúdio/Arquivo da editora

ATIVIDADES

1 Você costuma ouvir canções ou cantigas? Escreva o nome de uma delas.

____

2 Leia novamente a letra da canção e tente descobrir onde a foca está e o que ela faz. Escreva sua resposta abaixo.

____

____

3 Pinte no texto as palavras que rimam.

4 Na letra da canção **A foca** existem dois versos que se repetem. Quais são esses versos?

____

____

5 Por que você acha que a foca da canção de Vinicius de Moraes e Toquinho é chamada de desengonçada?

6 Releia esta estrofe e responda: por que a foca trabalhava no circo?

QUANTO TRABALHA
A COITADINHA
PRA GARANTIR
SUA SARDINHA.

____

____

____

____

7 Em uma roda, converse com os colegas sobre o que você pensa a respeito de animais que trabalham em circo.

8 O que você concluiu depois da conversa? Registre nas linhas abaixo.

9 Desenhe a foca fazendo algo que a deixe feliz.

MERGULHO NA ESCRITA

Substantivo

1 Complete as estrofes da letra da canção **A foca** com as palavras que faltam.

QUER VER A ____________
FICAR FELIZ?
É PÔR UMA ____________
NO SEU ____________.

LÁ VAI A ____________
SUBINDO A ____________
DEPOIS DESCENDO
DESENGONÇADA.

2 Separe as palavras que você usou para completar a letra da canção **A foca** de acordo com as categorias da tabela abaixo e copie-as na coluna correta. Depois, complete cada coluna com mais três palavras da mesma categoria.

Animal	Parte do corpo	Brinquedo	Objeto

3 Forme dupla com um colega para responder a esta atividade e descubram quais são seus:

Heróis preferidos	Brinquedos favoritos	Lugares preferidos

4 Complete a cruzadinha com o nome das figuras.

Ilustrações: Adilson Farias/Arquivo da editora

As palavras que você usou para completar as tabelas da página anterior e a cruzadinha são **substantivos**.

Os **substantivos** nomeiam todos os seres e coisas, por exemplo, pessoas, animais, cidades, países, objetos, lugares, plantas e sentimentos.

MEUS TEXTOS

Cantiga

1 Vamos escrever palavras que rimam? Com um colega, complete os quadros com as palavras que vocês pensaram.

Coração	Escola

Viagem	Céu

Castelo	Mar

Estrada	Caminho

Depois de treinar bastante e notar que há muitas palavras que rimam, que tal criarmos uma cantiga?

Adilson Farias/Arquivo da editora

Planejamento

2 Pense em como será a sua cantiga.

- Qual será o tema dela?
- Ela servirá para a realização de alguma brincadeira? Qual?
- A sua cantiga terá rimas?
- Qual vai ser a melodia da sua cantiga? Será alguma melodia já conhecida? Qual?

Rascunho

3 Escreva sua cantiga em uma folha à parte.

- Pense em um nome para sua cantiga.
- Apresente a versão inicial de sua cantiga a um colega, cantando-a com clareza, e pergunte se ele gostou de sua apresentação.

Revisão

4 Depois de apresentar a versão inicial de sua cantiga ao colega, faça a revisão.

	Sim	Preciso fazer/refazer
Minha cantiga tem nome?		
Minha cantiga tem rimas?		
Minha cantiga combina com a melodia que escolhi?		

5 Faça os ajustes necessários e escreva a versão final de sua cantiga em outra folha.

Meu texto

Com a ajuda do professor, organize um festival para que todos possam apresentar suas cantigas para a turma.

ATIVIDADES DO CAPÍTULO

1. Vamos ver se você é bom em decifrar adivinhas?

Dica: todas as respostas são **substantivos**.

a) O que é? O que é? Sempre cai, mas nunca se machuca. ______________________

b) O que é? O que é? Tem cabelo, mas nunca se penteia. ______________________

c) O que é? O que é? Tem dente, mas não é bicho nem gente. ______________________

d) O que é? O que é? Só pode ser usado se for quebrado. ______________________

e) O que é? O que é? Anda deitado e dorme em pé! ______________________

f) O que é? O que é? É o que mais pesa no mundo. ______________________

Adilson Farias/Arquivo da editora

2. Numere a segunda coluna de acordo com a primeira e descubra o restante das frases.

1	Sempre se usa letra **m**...	( )	... em ordem alfabética.
2	No dicionário, as palavras são organizadas...	( )	... antes de consoantes que não sejam **p** e **b**.
3	Sempre se usa letra **n**...	( )	... antes das consoantes **p** e **b**.

3. Escolha no quadro três palavras para completar a letra desta canção. Atenção para as rimas!

castelo | circo | formiga | asas | peru | congestão | chão

O PERU

GLU! GLU! GLU!
ABRAM ALAS PRO **PERU**!
GLU! GLU! GLU!

ABRAM ALAS PRO _______________!

O PERU FOI A PASSEIO
PENSANDO QUE ERA **PAVÃO**.
TICO-TICO RIU-SE TANTO

QUE MORREU DE _______________.

O PERU DANÇA DE RODA
NUMA RODA DE **CARVÃO**.
QUANDO ACABA FICA TONTO

DE QUASE CAIR NO _______________.

[...]

Adilson Farias/Arquivo da editora

A letra da canção **O peru**, de Vinicius de Moraes, Paulo Soledade e Toquinho faz parte do CD **A Arca de Noé**. Está disponível em: <http://toquinho.com.br/pagina.php?musica=1>. Acesso em: 20 out. 2015.

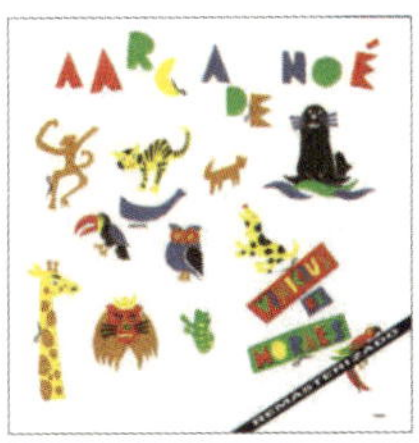

Reprodução/Universal

CAPÍTULO

5 IMAGEM E AÇÃO!

LEITURA 1

A história que você vai ler agora não tem palavras.

Você acha que é possível contar ou ler uma história apenas com imagens?

Eva Funari/Acervo da artista

Ilustração: Adilson Farias/Arquivo da editora

Eva Furnari/Acervo da artista

Eva Furnari/Acervo da artista

Essa história foi reproduzida do livro **A bruxinha atrapalhada**, de Eva Furnari. São Paulo: Global, 2003.

ATIVIDADES

1. Você conseguiu entender essa história sem palavras? Conte para os colegas o que você achou da história.

2. Forme dupla com um colega e contem oralmente o que acontece em cada quadro.

3. Agora, nas linhas abaixo, escreva a história da maneira como vocês imaginaram.

Adilson Farias/Arquivo da editora

4. Você gostou da ideia da Bruxinha de transformar o passarinho em chapéu? Por quê?

____

____

____

____

5. O feitiço da Bruxinha deu certo? Por quê?

____

____

____

____

6. Por que você acha que o chapéu começou a voar?

____

____

____

____

7. Por que a Bruxinha se surpreendeu com o chapéu?

____

____

____

8. O que você imagina que aconteceu depois que o chapéu começou a voar? Desenhe a continuação dessa história em uma folha à parte.

MERGULHO NA ESCRITA

Substantivo: próprio e comum/Letra maiúscula

1 Use os substantivos do quadro para dar nome aos personagens da história.

gato	bruxa

Eva Furnari/Acervo da artista

Os substantivos que você usou para dar nome aos personagens se referem a eles de modo geral; por isso são chamados de **substantivos comuns**.

Os substantivos comuns são escritos com letra inicial minúscula.

- Agora, dê um nome para cada um dos personagens. Escreva abaixo das figuras.

Os nomes que você escreveu para cada personagem também são substantivos porque nomeiam os seres de forma particular, própria. Por isso, esses nomes são chamados de **substantivos próprios**.

Os substantivos próprios são escritos com letra inicial maiúscula.

2 Escreva um substantivo **comum** e um substantivo **próprio** para nomear cada figura.

Ilustrações: Adilsen Farias/ Arquivo da editora

______________________ ______________________

______________________ ______________________

______________________ ______________________

______________________ ______________________

3 Pinte os substantivos de acordo com a legenda.

substantivo próprio (verde) substantivo comum (vermelho)

água	flor	Brasil	prédio
mulher	boneca	foca	bombom
Ceará	Alice	Cinderela	Otávio
uva	cadeira	rosa	Rosa
chão	Recife	espelho	João

LEITURA 2

Você já sentiu vontade de saber mais sobre a vida do autor de algum livro que você leu ou sobre a vida do cantor de uma canção de que você gosta?

Você sabe o que é uma biografia?

Acompanhe a leitura desta biografia e descubra.

Bruno Nunes/Arquivo da editora

EVA FURNARI

EVA FURNARI NASCEU EM ROMA, ITÁLIA, EM 1948. VEIO PARA O BRASIL AOS DOIS ANOS DE IDADE E RESIDE EM SÃO PAULO ATÉ HOJE.

[...] COMEÇOU SUA CARREIRA DE ESCRITORA E ILUSTRADORA DE LIVROS INFANTIS E JUVENIS EM 1980, COM LIVROS DE IMAGEM, E PUBLICOU 60 LIVROS.

SEUS LIVROS JÁ FORAM PUBLICADOS NO MÉXICO, EQUADOR, GUATEMALA, BOLÍVIA E ITÁLIA. [...] ALGUNS DE SEUS LIVROS FORAM ADAPTADOS PARA O TEATRO: **LOLO BARNABÉ**, **PANDOLFO BEREBA**, **ABAIXO DAS CANELAS**, **COCÔ DE PASSARINHO**, **A BRUXA ZELDA E OS 80 DOCINHOS**, **A BRUXINHA ATRAPALHADA**, **CACOETE** E **TRUKS** [...].

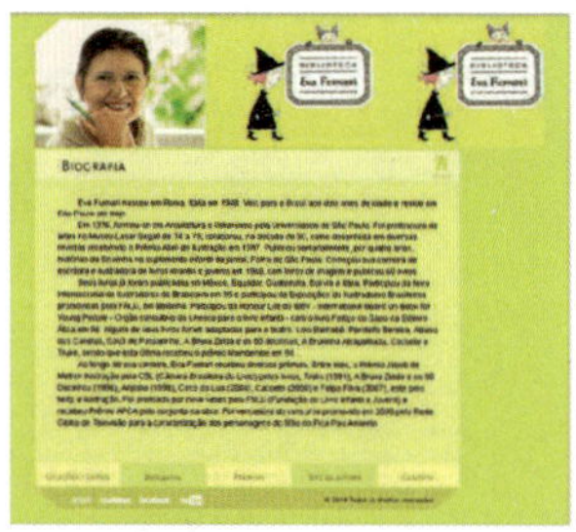

Reprodução/<www.bibliotecaevafurnari.com.br/>

Essa biografia está disponível em: <www.bibliotecaevafurnari.com.br/biografia>. Acesso em: 6 nov. 2015.

ATIVIDADES

1 Assinale a resposta correta com um **X**. Pela leitura do texto, podemos dizer que a **biografia** é:

- [ ] Uma história inventada com personagens imaginários.
- [ ] Uma história real sobre a vida de alguém.

2 Essa biografia conta a história da vida de quem?

____

3 Você já conhecia algo sobre essa autora?

____

____

4 Que informações podemos encontrar nessa biografia? Assinale com um **X**.

- [ ] O ano de nascimento
- [ ] A profissão.
- [ ] O lugar de nascimento.
- [ ] A comida preferida.
- [ ] Nome de livros que publicou.
- [ ] Nomes de familiares.

- Que outras informações você acha que podem ser encontradas em uma biografia?

____

____

5 Quem você acha que teria interesse em ler essa biografia?

____

____

MERGULHO NA ESCRITA

Letra g e sílabas gue/gui

1 Releia este trecho da biografia de Eva Furnari.

> [...] ALGUNS DE SEUS LIVROS FORAM ADAPTADOS PARA O TEATRO: **LOLO BARNABÉ**, **PANDOLFO BEREBA**, **ABAIXO DAS CANELAS**, **COCÔ DE PASSARINHO**, **A BRUXA ZELDA E OS 80 DOCINHOS**, **A BRUXINHA ATRAPALHADA**, **CACOETE** E **TRUKS** [...].

a) Copie a palavra que tem a letra **g**.

____

b) Escreva outras palavras que têm a letra **g** representando o mesmo som da palavra que você copiou.

____

____

____

2 Leia em voz alta as palavras do quadro e preste atenção no som representado pelas sílabas **gue/gui**.

guerra	guitarra	guia

- O som que as sílabas **gue/gui** representam se parece com o som indicado pela letra **g** em algumas palavras. Isso acontece em quais das palavras abaixo? Assinale com um **X**.

☐ garoa	☐ girafa	☐ agenda
☐ geleia	☐ agosto	☐ canguru

Adilson Farias/Arquivo da editora

3 Circule as palavras em que a letra **g** representa o mesmo som que na palavra **gato**.

goiaba	gente	agitado	goma
giz	lagarta	Gustavo	gema
gaveta	segundo	gelatina	gincana

4 Circule as palavras em que as síbalas **gue/gui** representam o mesmo som que na palavra **guia**.

guarda	Miguel	guitarra	sangue
mangueira	foguete	Guilherme	águia
guincho	guepardo	água	preguiça

5 Pinte apenas os espaços com palavras em que a letra **g** representa o mesmo som que na palavra **garra**. O que será que vai aparecer? Escreva no quadrinho.

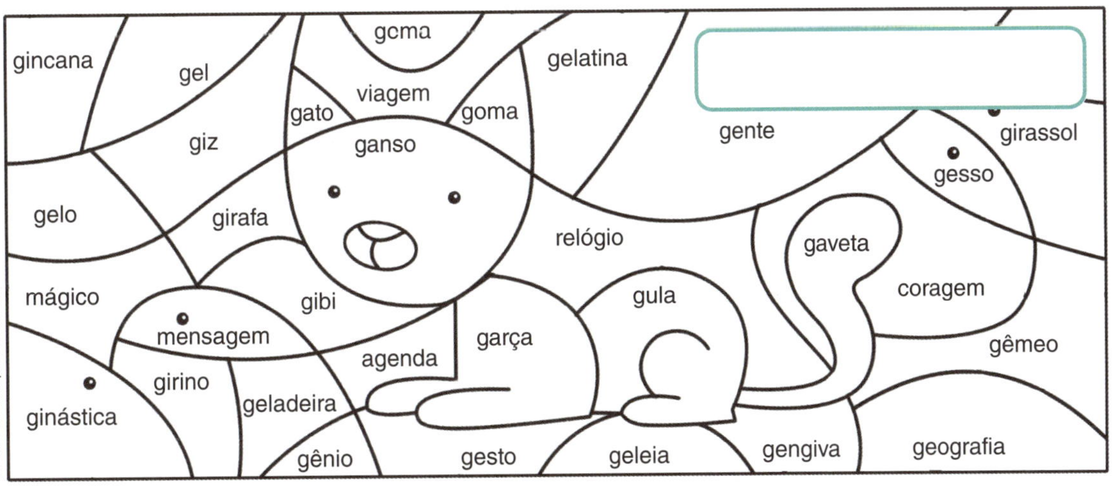

Adilson Farias/Arquivo da editora

Como você percebeu, a letra **g** e as sílabas **gue**/**gui** representam som semelhante quando a letra **g** vem seguida das vogais **a**, **o**, **u**.

MEUS TEXTOS

História em quadrinhos sem palavras

No início deste capítulo, lemos uma história criada pela autora Eva Furnari em que não havia palavras, apenas desenhos.

Agora, leia outra história sem palavras.

Esta tirinha faz parte do livro **A vingança da babá**, de Bill Watterson. São Paulo: Best News, 1997. v. 1. p. 74.

1 Você já leu outras histórias com esse personagem? O que você sabe sobre ele?

____

____

2 Você esperava que o personagem Calvin fizesse algo diferente ao abrir o guarda-chuva? O quê?

____

____

3 O que você achou da atitude de Calvin no último quadrinho?

____

____

Agora, você vai criar uma história em quadrinhos que não utiliza palavras, apenas desenhos. Capriche na sua história, pois ela será mostrada aos colegas de outras turmas.

Planejamento

Adilson Farias/Arquivo da editora

4 Pense em como será a sua história.

- Quais e como serão os personagens dessa história? Como você pretende desenhá-los? Como serão as suas roupas? Que cores você vai usar? Onde a história se passará? O que os personagens estarão fazendo e o que acontecerá com eles?
- A história terá um final inesperado? Ela será engraçada?
- Pense no número de quadros que a sua história terá e se será colorida. Crie um título para a sua história.

Rascunho

5 Desenhe a versão inicial da sua história em uma folha à parte. Lembre-se de utilizar uma régua para desenhar os quadros.

Revisão

6 Agora, faça a revisão de sua história sem palavras.

	Sim	Preciso fazer/refazer
Minha história tem apenas desenhos?		
Minha história tem título?		
A ordem dos quadros ajuda o leitor a entender minha história?		

Meu texto

7 Faça os ajustes necessários e desenhe a versão final da sua história na folha do **Material Complementar**.

8 Ajude o professor e os colegas a fazer um mural para que todos possam compartilhar e conhecer as histórias sem palavras produzidas pela turma.

ATIVIDADES DO CAPÍTULO

1. Escreva o nome destes personagens. Não se esqueça de usar letras maiúsculas.

Ilustrações: Adilson Farias/Arquivo da editora

____________________ ____________________

- Por que você acha que os personagens têm esses nomes? Converse com os colegas.

2. Complete as frases a seguir com um dos nomes indicados.

a) Ganhei um ____________________ para minha boneca. (Chapeuzinho ou chapeuzinho?)

b) No frio usamos ____________ para aquecer os pés. (botas ou Botas?)

c) Nessa receita usamos salsa e __________________. (Cebolinha ou cebolinha?)

d) Quem não gosta de tomar banho é o _______________. (cascão ou Cascão?)

e) Peter Pan mora na ____________ do Nunca. (terra ou Terra?)

3. Junte as duas partes da etiqueta, ligando as palavras às imagens correspondentes.

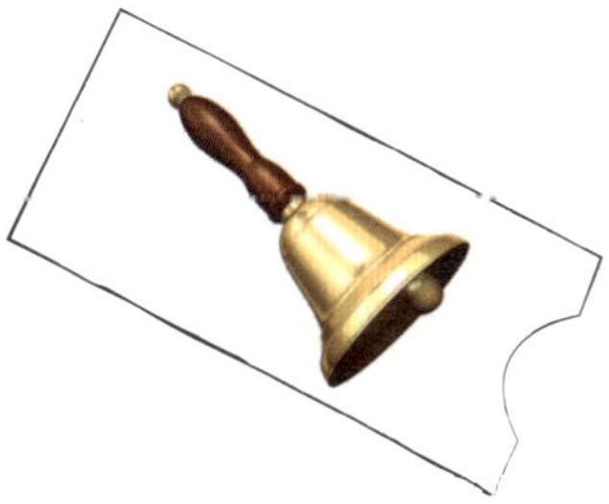

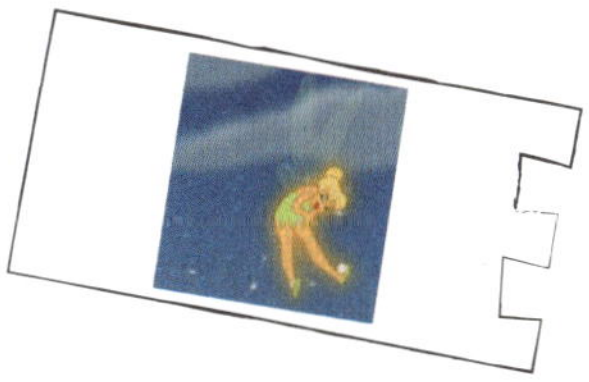

Sininho

sininho

Mingau

mingau

4. Leia alguns trechos da biografia de Mauricio de Sousa, criador da Turma da Mônica.

1

MAURICIO DE SOUSA NASCEU EM SANTA ISABEL, NO ESTADO DE SÃO PAULO, EM OUTUBRO DE 1935.

2

OS PRIMEIROS PERSONAGENS DA TURMA DA MÔNICA A SEREM CRIADOS FORAM FRANJINHA E BIDU, EM 1959.

3

HOJE EM DIA, OS QUADRINHOS DA TURMA DA MÔNICA SÃO CONHECIDOS EM MUITOS PAÍSES.

- Agora, relacione os trechos da biografia com as informações que cada um contém.

☐ Criação dos primeiros personagens.

☐ Local e data de nascimento.

☐ Reconhecimento mundial dos quadrinhos.

LEITURA DE IMAGEM

Nossa cultura

Na biografia de Eva Furnari você descobriu que a autora nasceu na Itália e depois veio com a família morar no Brasil. Você sabia que muitos outros italianos fizeram a mesma coisa?

- Na sua família há alguém que veio de outro país? Quem?

Observe

Guilherme Gaensly/Fundação Patrimônio da Energia de São Paulo-Memorial do Imigrante

Imigrantes europeus posando para fotografia no pátio central da Hospedaria dos Imigrantes de São Paulo, por volta de 1890.

©Tuca Vieira/Folhapress

Pizza de cantina tradicional italiana em São Paulo (SP). Foto de 2002.

Analise

1. A primeira fotografia é recente ou antiga? O que você observou para responder?

2. A segunda fotografia mostra uma cantina italiana. Descreva o que você vê:

   a) à frente da fotografia?

   b) ao fundo da fotografia?

3. Repare nas roupas e nos pés das pessoas da primeira fotografia. Você acha que elas eram ricas ou pobres? Por quê?

4. Agora, observe o rosto e a pose das pessoas da primeira fotografia. Você acha que elas estão alegres? Explique.

Relacione

5. A segunda fotografia mostra uma *pizza*, um prato italiano que se popularizou no Brasil depois da chegada dos imigrantes. Você conhece outros pratos de origem italiana? Quais?

___

___

___

6. Você acha que os imigrantes italianos contribuíram para enriquecer a nossa cultura? Por quê?

7. Que outros povos imigrantes você conhece? Converse com seu professor e colegas e escrevam na lousa o nome de outros povos que migraram para o Brasil, dando exemplos de suas contribuições para o nosso país.

CAPÍTULO

6 QUE ESPETÁCULO!

LEITURA 1

Você já ouvir falar algo sobre um grupo chamado Barbatuques, que produz música utilizando o próprio corpo como instrumento?

Antes de conhecer um pouco mais sobre o trabalho do Barbatuques, que tal produzir sons com o próprio corpo sem utilizar nenhum objeto? Depois disso, acompanhe a leitura da notícia.

Bruno Nunes/Arquivo da editora

folhinha

Maior | Menor Enviar por e-mail Comunicar erros Link http://folha.com/fi933886

25/06/2011 - 08h10

Ouça canção "Tum Pá", do Barbatuques, feita com sons do corpo

GABRIELA ROMEU
EDITORA-ASSISTENTE DA **FOLHINHA**
MARTHA LOPES
DE SÃO PAULO

Recomendar 141 +1 0

Alexandre Rezende/Folhapress

Barbatuques estreia "Tum Pá", com jogos rítmicos

Experimente essa batida: "Tum, pá; tum, tum, pá; tum, tum, pá!".

Esse é o ritmo das férias, marcadas pela estreia de "Tum Pá", primeiro espetáculo do Barbatuques para crianças.

O Barbatuques é um grupo de percussão corporal. Ou seja, são músicos que criam os mais diversos tipos de som usando o corpo. Imitam instrumentos musicais e inventam dialetos sonoros.

"Tum Pá" é também o nome de uma das músicas do espetáculo. Fala das partes do corpo e dos sons que elas produzem. Outra canção é "Vinheta Corda", em que o grupo pula corda ao som de "salada, saladinha, bem temperadinha...". Dá para ouvir o ruído do fio estralando no palco – mas cadê a corda?

"As crianças vão sair batucando em tudo", brinca o barbatuque André Hosoi.

Clique para ouvir a canção "Tum Pá", composta por Lu Horta para o espetáculo do Barbatuques.

00:00 / 00:00

"Tum Pá"
Quando: de 2/7 a 7/8, sábados e domingos, às 16h; exceto 16/7
Onde: Teatro Tucarena (r. Monte Alegre, 1024; 0/xx/11/[redacted])
Quanto: R$ 20

Reprodução/Folha de S.Paulo/Folhinha/Folhapress

Bruno Nunes/Arquivo da editora

Reprodução/<www1.folha.uol.com.br/folhinha>

Essa notícia foi reproduzida do *site* do jornal **Folha de S.Paulo**. Folhinha. São Paulo, 25 jun. 2011. Disponível em: <www1.folha.uol.com.br/folhinha/933886-ouca-cancao-tum-pa-do-barbatuques-feita-com-sons-do-corpo.shtml>. Acesso em: 20 out. 2015.

ATIVIDADES

1 Assinale a resposta correta com um **X**. Esse texto serve para:

- [ ] divertir e brincar com as palavras.
- [ ] transmitir informações e acontecimentos.
- [ ] contar a história da vida de alguém.

2 Textos como esse podem ser encontrados em:

- [ ] jornais e *sites* jornalísticos
- [ ] dicionários
- [ ] livros de contos de fadas
- [ ] revistas

3 Para quem você acha que esse texto foi escrito? Por quê?

____

____

____

4 Qual é o assunto desse texto?

____

____

____

____

5 Por que você acha que o espetáculo se chama “Tum Pá”?

____

____

____

Adilson Farias/Arquivo da editora

6 Escreva o nome das duas canções do grupo citadas no texto.

7 No texto, aparece parte de uma parlenda usada para brincar. Você a conhece? Já brincou com ela?

8 Releia este trecho:

"As crianças vão sair batucando em tudo", brinca o barbatuque André Hosoi.

- Com base no texto, o que você acha que é um **barbatuque**?

9 Procure em jornais e revistas notícias relacionadas a eventos artísticos que você ache interessantes. Traga essas notícias para montar um mural com a classe. Escreva o título delas nas linhas abaixo.

Adilson Farias/Arquivo da editora

MERGULHO NA ESCRITA

Letra c e sílabas que/qui

1 Leia novamente o título da notícia.

> **Ouça canção "Tum Pá", do Barbatuques, feita com sons do corpo**

a) Circule as palavras que têm **c** ou **que/qui**.

b) Leia em voz alta as palavras que você circulou e preste atenção no som que a letra **c** e as sílabas **que/qui** representam. O que você percebeu?

2 Releia o texto da seção **Leitura 1** e procure palavras que tenham **c** ou **que/qui** representando esse mesmo som. Escolha cinco delas e copie-as no quadro.

Palavras com c	**Palavras com** que/qui

Adilson Farias/Arquivo da editora

3 Escreva na coluna correta as palavras que o professor vai ditar.

Palavras com c	**Palavras com** que/qui

4 Agora, complete a cruzadinha com as palavras que você escreveu na atividade anterior.

Ilustrações: Adilson Farias/Arquivo da editora

- Leia em voz alta as palavras e observe se a letra **c** e as sílabas **que/qui** representam som semelhante ou diferente nessas palavras.

LEITURA 2

Imagine que você e seus amigos estejam planejando uma sessão de cinema em casa. Como você faria para escolher o filme a que iriam assistir?

Veja a capa deste DVD. Sobre o que você acha que é este filme?

Walt Disney Pictures/Pixar Animation Studios

Você acha que é importante ter informações sobre um filme antes de assisti-lo?

Como você faria para saber qual é o assunto tratado?

Acompanhe a leitura da resenha desse filme.

Nova animação 'Divertida mente' brinca com os sentimentos; leia crítica

Sérgio Rizzo

Você já se mudou de casa, de cidade ou de escola? E de tudo isso junto? É o que acontece com a menina Riley, a personagem da animação "Divertida mente" [...].

Cláudio Chiyo/Arquivo da editora

No começo do filme, a vida de Riley parece tranquila. Ela vive com os pais em Minnesota, um estado dos Estados Unidos onde faz muito frio. Por isso, gosta de jogar hóquei no gelo e de brincar com a neve.

As coisas mudam quando a família dela vai morar em São Francisco, uma cidade grande, em uma região bem mais quente. Ali, tudo é novidade. E quase tudo é problema.

Sabe de onde nós vemos toda a história da Riley? De dentro dela! "Divertida mente" mostra o que acontece no corpo dela quando ela tem emoções, sonhos, lembranças, etc.

Na cabeça da Riley trabalha uma "equipe de comando": tem uma menina que cuida da alegria, outra que cuida da tristeza e também personagens responsáveis pelo medo, pelo nojo e pela raiva.

A menina da alegria quer mandar na Riley, para deixá-la sempre feliz. Mas quem disse que tem jeito de evitar a tristeza o tempo todo? E a raiva, então?

De vez em quando esses sentimentos também aparecem. Na Riley e em seus pais. O filme mostra a "equipe de comando" da cabeça deles.

Dica: quando acabar a história, espere mais um pouco. Você vai conhecer o que se passa dentro da cabeça de... um cachorro e um gato!

folhinha

Nova animação 'Divertida Mente' brinca com os sentimentos; leia crítica

SÉRGIO RIZZO
ESPECIAL PARA A FOLHA

Você já se mudou de casa, de cidade ou de escola? E de tudo isso junto? É o que acontece com a menina Riley, a personagem da animação "Divertida Mente", que estreia no cinema na próxima quinta (18).

No começo do filme, a vida de Riley parece tranquila. Ela vive com os pais em Minnesota, um Estado dos Estados Unidos onde faz muito frio. Por isso, gosta de jogar hóquei no gelo e de brincar com a neve.

As coisas mudam quando a família dela vai morar em San Francisco, uma cidade grande, em uma região bem mais quente. Ali, tudo é novidade. E quase tudo é problema.

Divertida Mente

<www1.folha.uol.com.br/folhinha>/Arquivo da editora

Esse texto foi escrito por Sérgio Rizzo para o jornal **Folha de S.Paulo**. Folhinha. Disponível em: <www1.folha.uol.com.br/folhinha/2015/06/1641307-nova-animacao-divertida-mente-brinca-com-os-sentimentos-lei-critica.shtml>. Acesso em: 20 out. 2015.

ATIVIDADES

1 Sobre qual filme é a resenha que você leu?

2 Por que a vida da menina Riley se transforma?

3 Você acha que a menina continuou brincando com a neve em sua nova casa? Por quê?

4 Quem são os membros da "Equipe de comando" da cabeça de Riley? Assinale as respostas corretas com um **X**.

- [ ] alegria
- [ ] bondade
- [ ] tristeza
- [ ] medo
- [ ] nojo
- [ ] egoísmo
- [ ] raiva
- [ ] entusiasmo

Ilustrações: Cláudio Chiyo/Arquivo da editora

5 Assinale com um **X** as informações que aparecem nessa resenha.

- [ ] Onde assistir ao filme.
- [ ] O nome de alguns personagens.
- [ ] O final da história.
- [ ] O nome do autor da resenha.
- [ ] O nome do jornal que publicou a resenha.
- [ ] Para que idade o filme é indicado.

6 Por que você acha que o autor escreveu essa resenha?

7 O autor do texto afirma que não podemos evitar a tristeza o tempo todo. Você concorda com ele? Por quê?

8 Você sentiu vontade de conhecer esse filme após ter lido a resenha? Por quê?

9 Você acha que as resenhas podem ser sobre outras coisas, além de filmes? Que coisas?

____

____

____

10 Existe algum filme de que você goste e indicaria para algum colega? Qual?

____

____

____

MERGULHO NA ESCRITA

Substantivo: masculino e feminino

1 Releia este trecho da resenha do filme **Divertida mente**.

De vez em quando esses sentimentos também aparecem. Na Riley e em seus pais. O filme mostra a "equipe de comando" da cabeça deles.

a) Copie cada substantivo desse trecho dentro de uma etiqueta.

Os substantivos podem ser **masculinos** ou **femininos**.

O **substantivo masculino** pode vir acompanhado de **o**, **os**, **um** ou **uns**.

O **substantivo feminino** pode vir acompanhado de **a**, **as**, **uma** ou **umas**.

b) Agora, copie os substantivos das etiquetas na coluna correta, escrevendo **o/os** ou **a/as** antes de cada um.

Substantivo masculino	Substantivo feminino

2 Ligue cada palavra das bolhas a uma ou mais figuras e siga o exemplo abaixo.

Ilustrações: Cláudio Chiyo/Arquivo da editora

o controle remoto
um controle remoto

____
____

____
____

____
____

3 Escolha uma palavra de cada quadro para completar as frases.

o	os	um	uns
a	as	uma	umas

abacaxi	jogo
banana	bola

a) Júlia e Tiago comeram _______________

b) Compramos _______________ na feira.

c) As crianças brincaram com _______________ a tarde toda.

d) Ganhamos _______________ no sorteio.

MEUS TEXTOS

Resenha

Sempre que lemos algum livro interessante, assistimos a um filme ou visitamos um lugar diferente, queremos contar a nossos amigos se gostamos ou não do que descobrimos. Vamos criar uma resenha para compartilhar com os colegas?

Planejamento

1 Pense em um produto cultural de que você tenha gostado. Pode ser um livro, um filme, um desenho animado, uma peça de teatro, uma exposição, um passeio, um programa de televisão, um jogo, etc.

2 Junte-se a dois colegas para conversar sobre o que escolheram.

Rascunho

3 Depois da conversa, escreva em uma folha à parte uma resenha sobre o que você escolheu. Veja as informações que não podem faltar de acordo com cada produto cultural:

- **Livro**: título, autor, editora e um breve resumo da história.
- **Filme** ou **peça de teatro**: título, gênero (comédia, romance, ação, etc.), diretor, alguns atores, local onde está sendo exibido o filme (ou encenada a peça) e um breve resumo da história.

- **Programa de televisão** ou **desenho animado**: título, canal onde é exibido, dia e horário. Explique quem apresenta (no caso do programa) ou quem é o personagem principal (no caso do desenho) e o assunto de que trata.
- **Exposição** ou **passeio**: sobre o que é, o valor do ingresso, o local, os horários e as datas.
- **Jogo**: título, história e principais desafios. Conte o que mais empolgou você nesse jogo.

Revisão

4 Depois de escrever o rascunho de sua resenha, faça a revisão.

	Sim	Preciso fazer/ refazer
Escrevi todas as informações necessárias para o leitor?		
Escrevi minha opinião (do que gostei ou do que não gostei)?		

Meu texto

5 Após a revisão, reescreva seu texto fazendo os ajustes necessários na folha do **Material Complementar**.

6 Organize com seus colegas um mural de resenhas no pátio da escola, para compartilhar os textos de vocês com outras pessoas que possam se interessar por esses produtos culturais.

Adilson Farias/ Arquivo da editora

ATIVIDADES DO CAPÍTULO

1. Leia a resenha de um espetáculo.

Um mandão, outro bobão

COLABORAÇÃO PARA A **FOLHA**

Quando dois palhaços entram em cena, geralmente um é mais bobão e o outro faz o tipo mandão. É também assim na peça "Circo de Borracha", do grupo 2πR – DoisPierre.

Um malabarista atrapalhado tem o pneu de seu monociclo furado. Para na borracharia do Cadu, um cara bem emburrado, o que gera baita confusão. O divertido é que ali as ferramentas de trabalho viram elementos para mágica, acrobacia e malabares. **(GR)**

"CIRCO DE BORRACHA"
ONDE Sala Crisantempo (r. Fidalga, 521, tel. 0/xx/11/[redacted])
QUANDO sábados e domingos, às 16h; até 25/11
QUANTO R$ 1
INDICAÇÃO A partir de 5 anos

Reprodução/*Folha de S.Paulo*/Folhinha/Folhapress

Esse texto foi reproduzido do jornal **Folha de S.Paulo**. Folhinha. São Paulo, 3 nov. 2012. p. 3.

- Assinale com um **X** as informações que aparecem nessa resenha.

- [ ] O valor da entrada.
- [ ] O local onde o espetáculo está em cartaz.
- [ ] O nome dos dois palhaços.
- [ ] O nome do espetáculo.
- [ ] O tempo de duração do espetáculo.
- [ ] Quando e a que horas é possível assistir ao espetáculo.

2. Você viu que a letra **c** e as sílabas **que/qui** podem representar sons semelhantes. Copie da resenha as palavras em que a letra **c** representa o mesmo som que a sílaba **que** na palavra **queijo**.

____

____

3. Na resenha, procure os substantivos que vão ajudar você a responder aos enigmas a seguir.

a) Artistas que fazem brincadeiras para divertir o público.

____

b) Local coberto por uma lona, em forma de círculo, onde se realizam espetáculos para divertir o público.

____

c) O mesmo que **bagunça**, **desordem**, **tumulto**.

____

d) Local que vende e conserta pneus.

____

Adilson Farias/Arquivo da editora

4. Agora, copie as respostas dos enigmas na coluna correta. Antes de cada palavra escreva **a/as** ou **o/os**.

Substantivo masculino	Substantivo feminino

O QUE APRENDI?

Christian Bertrand/Shutterstock/Glow Images

1. Converse com os colegas: na opinião de vocês, o espetáculo desta fotografia poderia ser de cantigas populares? Por quê?

2. Suponha que um artista de que você gosta muito vai fazer um *show* onde você mora. Como você faria para obter informações sobre o *show*?

3. Imagine que foi lançada recentemente uma biografia do seu artista predileto.

   a) Quais informações você acha que essa biografia deveria apresentar?

   b) Se você quisesse ler a opinião de alguém sobre essa biografia, o que você faria?

4. Na tabela abaixo, escreva exemplos de substantivos.

Comuns	Próprios	Masculinos	Femininos

5. Procure resolver os desafios a seguir.

a) Descubra duas letras que podem completar as palavras abaixo.

INGO

OMBA

b) Por que a palavra **pingo** é escrita com **n** e a palavra **bomba** é escrita com **m**?

MINHA COLEÇÃO DE PALAVRAS

Escreva com suas palavras o que você entende por:

- Substantivo:

- Dicionário:

UNIDADE 3

É SÓ DIVERSÃO!

Brincando, de Barbara Rochlitz. Óleo sobre tela, 2007.

- O que você acha que estas crianças estão fazendo?
- Dessas brincadeiras, qual é a sua preferida?
- Com que outras brincadeiras as crianças poderiam se divertir nesse lugar?
- Você costuma brincar em lugares como esse? Como são as brincadeiras?

CAPÍTULO 7

VENHA PARA A BRINCADEIRA!

LEITURA 1

Quando você e seus amigos brincam de pega-pega, como fazem para escolher quem será o pegador?

Você já sabe o que é parlenda? Leia algumas a seguir.

Uni, duni, tê,
Salamê, minguê.
O sorvete é colorê,
O escolhido foi você!

Laranja baiana que vira pó,
Galo que canta coró-có-có,
Pinto que pia piri-pi-pi,
Moça bonita que sai daqui.

Lá em cima do piano
Tem um copo de veneno
Quem bebeu morreu.
O azar foi seu.

Minha mãe mandou
Eu escolher este daqui,
Mas como eu sou teimoso
Vou escolher este daqui.

Domínio público.

Hagaquezart estúdio/Arquivo da editora

ATIVIDADES

1 Assinale com um **X** as parlendas que você já conhecia.

- [ ] Uni, duni, tê
- [ ] Laranja baiana que vira pó
- [ ] Lá em cima do piano
- [ ] Minha mãe mandou

2 Se você fosse brincar de pega-pega com seus amigos e tivesse que escolher um pegador, qual parlenda você usaria? Por quê?

____

____

____

3 Observe as rimas e complete a parlenda com as palavras que estão faltando.

Hoje é domingo

Hoje é domingo
Pede cachimbo.
O cachimbo é de barro
Bate no ____________.
O jarro é fino
Bate no sino.
O sino é de ouro
Bate no ____________.

O touro é valente
Bate na gente.
A gente é fraco
Cai no ____________.
O buraco é fundo
Acabou-se o mundo.

Domínio público.

As **parlendas** são versos populares transmitidos de geração em geração. Muitas delas podem ser usadas para escolher quem vai começar uma brincadeira. Por terem ritmo e palavras que rimam, as parlendas são fáceis de ser memorizadas.

MERGULHO NA ESCRITA ORTOGRAFIA

Letra h inicial e as letras ch, nh, lh

1 Releia um trecho da parlenda e pinte a palavra que começa com a letra **h**.

Hoje é domingo
Pede cachimbo.
O cachimbo é de barro
Bate no jarro.

- Você conhece outras palavras que começam com a letra **h**?

2 Procure em jornais, revistas e outros textos impressos palavras com a letra **h** inicial. Recorte-as e cole-as no espaço abaixo.

Fabiana Salomão/Arquivo da editora

- Circule a letra que vem depois da letra **h** inicial em todas as palavras que você colou. As letras que você circulou são:

☐ vogais. ☐ consoantes.

3 Leia esta outra parlenda e circule as palavras que têm a letra **h**.

Fui passar
Na pinguelinha,
Chinelo caiu do pé.

Os peixinhos reclamaram:
Que cheirinho de chulé!

Domínio público.

pinguelinha: pequeno tronco ou pedaço de madeira que serve de ponte sobre um riacho.

- Observe as palavras que você circulou. Nelas, a letra **h** aparece depois de quais letras?

No início das palavras, a letra **h** é seguida de uma **vogal**. Por exemplo: **h**abilidade, **h**elicóptero, **h**iena, **h**ospital, **h**umano. A letra **h**, nesse caso, não representa nenhum som.

A letra **h** também pode aparecer depois das consoantes **l**, **c** e **n**. Por exemplo: a**lh**o, **ch**ave, cari**nh**o. Nesses casos, **cada dupla** de letras (**lh**, **ch** e **nh**) representa sons diferentes.

4 Complete a cruzadinha com o nome de cada figura.

Dica: Três palavras têm **ch**, três têm **lh** e três têm **nh**.

Ilustrações: Fabiana Salomão/Arquivo da editora

ENTENDER AS PALAVRAS: DICIONÁRIO

Palavras com li e lh

1. Leia a parlenda a seguir e complete-a com a palavra que está faltando.

Papagaio come ________,
periquito leva a fama.
Cantam uns e choram outros,
triste sina de quem ama.

Domínio público.

Vicente Mendonça/Arquivo da editora

2. Leia as palavras a seguir em voz alta, prestando atenção ao som que representam as letras em destaque.

mi**lh**o	mi**li**onário

- Qual é a semelhança entre essas palavras? E a diferença?

Apesar da semelhança da representação sonora, palavras com **lh** e **li** são escritas com letras diferentes.

3. Se você fosse procurar as palavras **milho** e **milionário** no dicionário, qual viria primeiro?

____

- Explique como você fez para ordenar as palavras.

4. Numere as palavras de cada item de acordo com a ordem em que estariam no dicionário.

a) ☐ filho ☐ filiação ☐ filial ☐ filhote ☐ afilhado

b) ☐ galho ☐ galheteiro ☐ galinha ☐ galinhada ☐ galinheiro

5. Complete as frases com as palavras que estão faltando.

Vicente Mendonça/Arquivo da editora

LEITURA 2

Você já recebeu um convite para alguma festa? Como ele era? E já convidou amigos para uma festa? Como você fez isso?

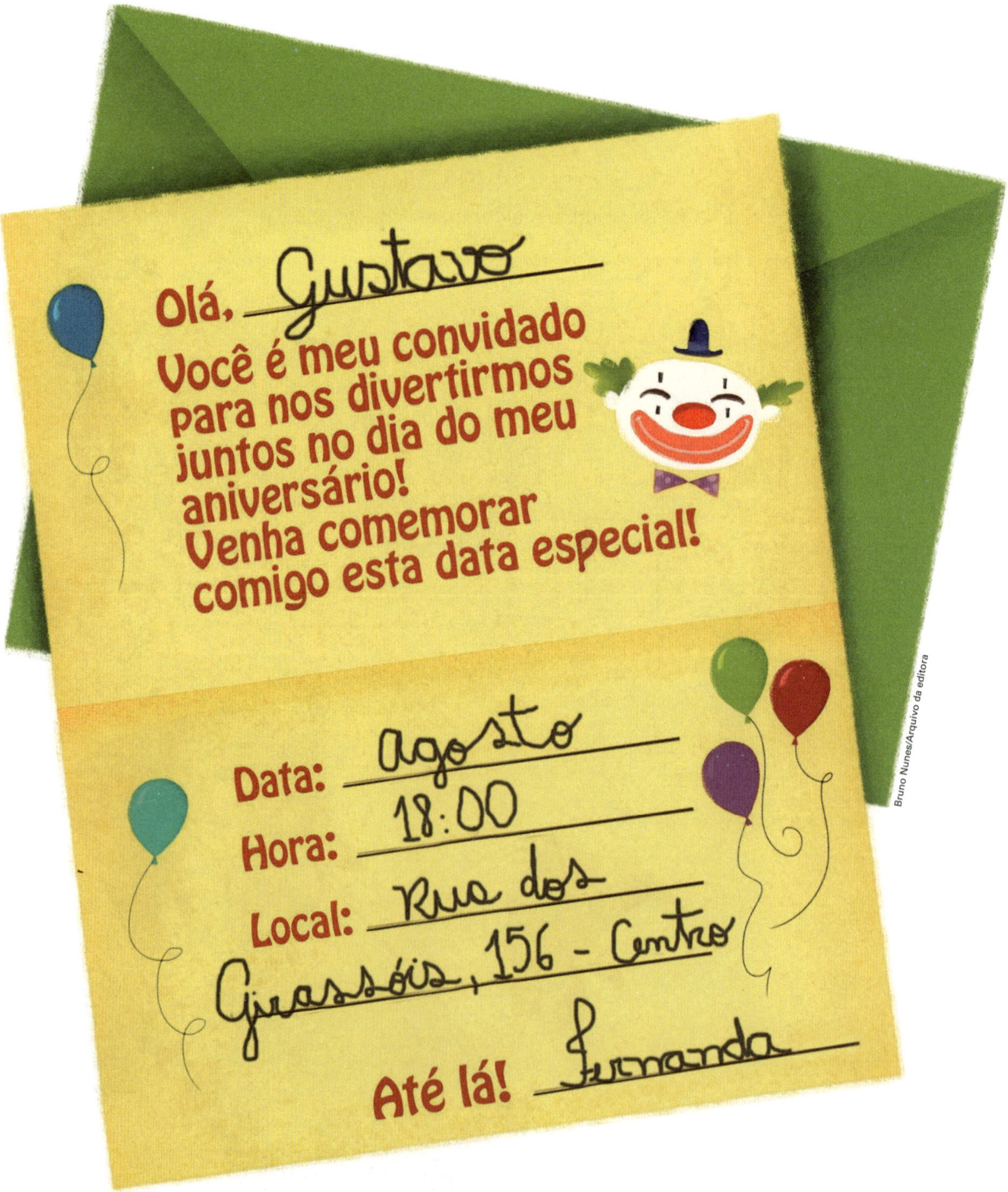

Bruno Nunes/Arquivo da editora

ATIVIDADES

1 Relacione as duas colunas.

1 Gustavo	( ) Pessoa que convida.
2 Fernanda	( ) Pessoa que foi convidada.

2 Para o que Gustavo foi convidado?

____

____

3 A que horas deve começar a festa de aniversário de Fernanda?

____

4 Será que Gustavo consegue ir à festa só com as informações do convite? Por quê?

____

5 Em quais situações costuma-se enviar um convite?

( ) Antes de festas de aniversário.

( ) Quando haverá uma festa à fantasia.

( ) Quando alguém vai às compras.

( ) Outros: ______________________________

Fabiana Salomão/Arquivo da editora

6 Qual é a diferença entre receber um convite impresso e ser convidado oralmente?

> Os **convites** são usados para chamar uma ou mais pessoas para um evento. Devem conter o nome de quem faz o convite, o nome de quem é convidado e quando e onde o evento vai acontecer.

MERGULHO NA ESCRITA GRAMÁTICA

Sílaba e separação silábica

1 A mãe de Fernanda tem seis balões e quer escrever "Parabéns, Fernanda!" neles. Ajude-a escrevendo uma sílaba em cada balão.

Fabiana Salomão/Arquivo da editora

Sílaba é cada grupo de sons de uma palavra. Por exemplo: **bo** e **la** são as sílabas da palavra **bola**.

Toda sílaba tem uma vogal.

2 Escreva a sílaba que se repete em cada conjunto de palavras.

a) roda dado damasco ______

b) caminho colarinho gatinho ______

c) telha fagulha falha ______

3 Observe a ilustração e complete a **cruzadinha silábica** com o nome dos brinquedos que Fernanda ganhou de aniversário.

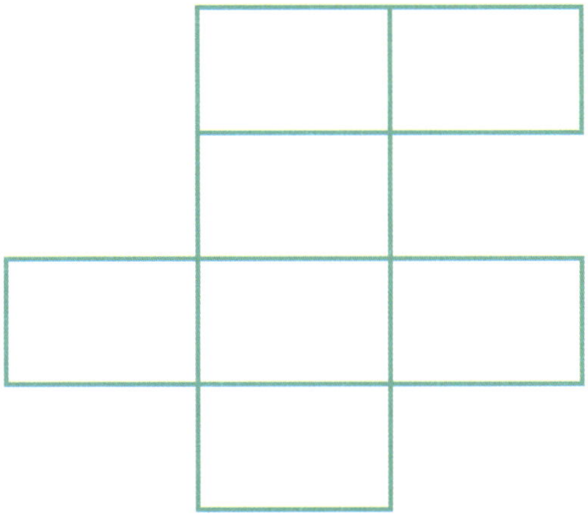

Fabiana Salomão/Arquivo da editora

4 Fernanda está escrevendo um bilhete e precisa separar a palavra **presente**, pois não cabe na linha. Assinale com um **X** as possibilidades que ela tem.

- [ ] pre-sente
- [ ] pr-esente
- [ ] presen-te
- [ ] present-e
- [ ] prese-nte
- [ ] pres-ente

5 Assinale apenas a **afirmação correta** sobre o que se deve fazer ao separar as sílabas de uma palavra.

- [ ] Deixar separadas as letras **ch**, **nh** e **lh**.
- [ ] Deixar a consoante sozinha em uma sílaba.
- [ ] Pronunciar as palavras pausadamente para identificar onde começa e onde termina cada sílaba.

6 Observe uma página do caderno de Gustavo.

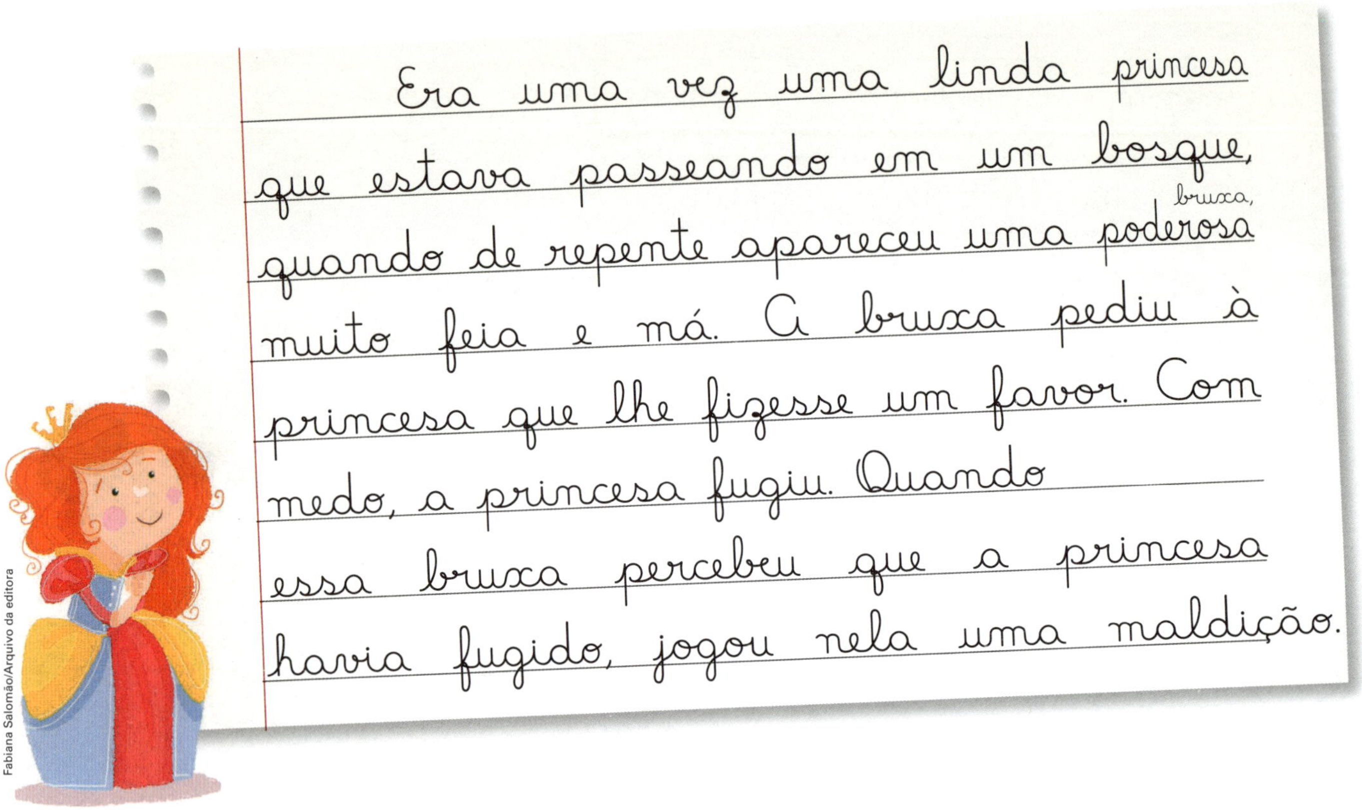

Fabiana Salomão/Arquivo da editora

- Você notou algo de estranho na página? Se a resposta for sim, indique o que você notou.

7 O que você faz quando a linha do seu caderno acaba e você ainda não terminou de escrever a palavra?

8 O que você acha da ideia de Gustavo de espremer as palavras ou escrevê-las na outra linha? Foi uma boa ideia? Por quê?

9 Separe as sílabas das palavras conforme o exemplo.

princesa ⟶ prin-ce-sa

bosque ⟶ ______

bruxa ⟶ ______

favor ⟶ ______

percebeu ⟶ ______

fugido ⟶ ______

Fabiana Salomão/Arquivo da editora

10 Reescreva o texto de Gustavo no espaço abaixo. Quando for necessário, separe as sílabas.

______

______

______

______

______

______

______

______

______

______

Ao escrever um texto, as sílabas de uma palavra podem ser separadas ao final da linha se o espaço para a escrita da palavra inteira não for suficiente.

MEUS TEXTOS

Convite

Imagine que haverá uma festa em sua escola e que vocês convidarão toda a comunidade para participar. Como seria essa festa? O que vocês iriam comemorar?

Crie um convite para essa festa seguindo as etapas abaixo.

Planejamento

1 Para que não falte nenhuma informação no convite, responda:

- A quem será dirigido esse convite?

____

- Quais serão a data e a hora da festa?

____

- Como será indicado o local?

____

____

- O convite será feito somente por você ou será em nome de toda a escola?

____

____

- O que a festa terá como atração para os convidados?

____

____

____

Rascunho

2 Elabore um rascunho do seu convite no espaço abaixo.

CONVITE

____________________________________, venha para a nossa festa!

Onde: ____

____.

Quando: __________ de ____________________ de __________.

Das: __________ às __________ horas.

Esperamos por você!

____

Fabiana Salomão/Arquivo da editora

Revisão

3 Agora, mostre o rascunho a alguém que poderia ser um dos convidados e pergunte se ele gostou e se o seu convite apresenta todas as informações necessárias sobre a festa. Depois, faça a revisão do seu texto.

	Sim	Preciso fazer/refazer
Meu convite mostra quem convida e quem é convidado?		
Coloquei as informações necessárias (data, local e horário) para que meu convidado consiga chegar à festa?		

Meu texto

4 Agora, destaque a folha do **Material Complementar** e escreva a versão final do seu convite. Não se esqueça de fazer os ajustes necessários ou incluir o que ficou faltando no rascunho.

ATIVIDADES DO CAPÍTULO

1. Destaque as fichas do **Material Complementar**, organize a parlenda na ordem correta e cole-a no espaço abaixo.

Domínio público.

- Circule na parlenda as palavras que têm a letra **h**.

2. Assinale com um **X** as afirmações verdadeiras sobre as parlendas.

- [ ] Quase ninguém as conhece, pois foram inventadas há pouco tempo.
- [ ] São muito antigas, transmitidas de geração em geração.
- [ ] Algumas servem para escolher quem inicia uma brincadeira.
- [ ] Possuem ritmo e rimas, por isso são fáceis de ser memorizadas.
- [ ] Sabemos quem são os autores de cada uma delas.

3. Destaque os itens do **Material Complementar** e cole-os nos campos adequados.

CAPÍTULO 8

É BRINQUEDO PRA TODO LADO!

LEITURA 1

Você conhece o Menino Maluquinho?

Na história a seguir, os pais do Menino Maluquinho decidem que vão doar alguns brinquedos dele. Como você acha que ele vai reagir?

© Ziraldo Alves Pinto/Acervo do cartunista

Essa história foi publicada no jornal **O Globo**. Globinho. Rio de Janeiro, 29 jan. 2011.

Ziraldo Alves Pinto

Nasceu no dia 24 de outubro de 1932 em Caratinga, Minas Gerais.

Em 1980, Ziraldo lançou o **Menino Maluquinho**, seu personagem mais conhecido. Suas histórias já foram adaptadas para teatro, cinema e televisão.

Marcos de Paula/Agência Estado

Você conhece outras histórias criadas por Ziraldo? Quais?

ATIVIDADES

1 O texto que você acabou de ler é:

- ☐ um convite.
- ☐ uma história em quadrinhos.
- ☐ um conto de repetição.
- ☐ uma parlenda.

2 Assinale com um **X** a informação correta:

- ☐ Para entender uma história em quadrinhos basta ler o texto das falas dos personagens.
- ☐ Além do texto escrito, é fundamental ler as imagens para entender as histórias em quadrinhos.

3 Por que os pais do Menino Maluquinho acharam que os brinquedos e as roupas não fariam falta?

____

____

____

Fabiana Salomão/Arquivo da editora

4 Observe novamente os primeiros quadrinhos. Parece que o Menino Maluquinho concordará com a doação de roupas e brinquedos? Por quê?

5 Por que o Menino Maluquinho não queria que seus pais pegassem as caixas de papelão?

- ☐ Porque ele não queria doar os brinquedos.
- ☐ Porque ele não queria doar os livros que ainda não tinha lido.
- ☐ Porque ele queria fazer um castelo com as caixas de papelão.
- ☐ Porque os pais dele destruíram o castelo de caixas que ele tinha montado.

6 A mãe do Menino Maluquinho acredita que as roupas e os brinquedos doados “vão alegrar muitas crianças”. Você concorda com ela? Por quê?

7 Em qual parte do jornal a história em quadrinhos do Menino Maluquinho foi publicada?

☐

☐

☐

☐

Fotos: Eduardo Santaliestra/Arquivo da editora

8 Releia novamente o último quadrinho e responda à questão abaixo.

- A fala e o pensamento do Menino Maluquinho estão dentro de balões. Esses balões são iguais? Para que cada um serve?

© Ziraldo Alves Pinto/Acervo do cartunista

Nas **tirinhas** e nas **histórias em quadrinhos**, as falas e os pensamentos dos personagens ficam dentro de balões, que são chamados de **balão de fala** e **balão de pensamento**.

9 Escolha, no **Material Complementar**, o balão mais adequado para completar cada cena. Destaque-os e cole-os abaixo.

Ilustrações: Fabiana Salomão/Arquivo da editora

MERGULHO NA ESCRITA ORTOGRAFIA

A letra c e o ç

1 Na história do Menino Maluquinho há três palavras escritas com **ç**. Copie-as abaixo.

____

- Nessas palavras, qual letra vem depois do **ç**?

____

2 Observe as palavras do quadro a seguir.

açude	moço	doçura	palhaço
maçã	cinema	cenoura	macio
laço	bacia	dança	peça

Fabiana Salomão/Arquivo da editora

a) Pinte no quadro todos os **ç**.

b) Releia as palavras do quadro. Quais letras aparecem depois do **ç**? Circule-as abaixo.

a e i o u

c) Copie na coluna correta as palavras do quadro. Veja o exemplo.

Palavras com ça	**Palavras com** ço	**Palavras com** çu
maçã	moço	açude

O **ç** nunca aparece no início das palavras.

3 Leia estas palavras.

louca	louça

a) Há uma diferença na escrita das duas palavras. Qual é?

____

b) Essas palavras têm o mesmo significado?

____

c) E o som? É o mesmo nas duas palavras?

____

4 Volte ao quadro da atividade 2 e copie as palavras que foram escritas com **c**.

____

____

- Leia em voz alta as palavras que você escreveu. Nessas palavras, o som representado pelo **c** é igual ao som representado pelo **ç**?

> Podemos usar o **ç** antes das vogais **a**, **o** e **u**. Por exemplo: **dança**, **palhaço**, **doçura**. Não se usa **ç** antes das vogais **e** e **i**.
>
> Antes das vogais **e** e **i**, usamos **c**. Por exemplo: **cenoura**, **cinema**.

5 Complete as palavras utilizando **c** ou **ç**.

a) ber ___ o

b) fuma ___ a

c) pesco ___ o

d) capa ___ ete

e) ___ éu

f) caro ___ o

g) do ___ e

h) ___ irco

i) crian ___ a

ENTENDER AS PALAVRAS: DICIONÁRIO

Palavras com g e j

1. Leia novamente este quadrinho:

© Ziraldo Alves Pinto/Acervo do cartunista

a) Circule no balão de fala a palavra escrita com **j**.

b) Leia as palavras do quadro abaixo em voz alta e pinte aquelas que apresentam o som inicial igual ao da palavra que você circulou.

joia	joelho	gorila
jaca	jipe	girafa
jerimum	goiaba	gelatina
gato	junho	gula

c) Agora, leia em voz alta apenas as palavras que começam com a letra **g**. Em todas elas o som inicial é igual?

____

____

____

____

Vicente Mendonça/Arquivo da editora

d) Você sabe o que quer dizer cada uma dessas palavras? Procure no dicionário o significado daquelas que você ainda não conhece.

____

____

____

2. Leia as definições do dicionário e tente descobrir a quais palavras elas se referem. Depois, complete a cruzadinha com essas palavras.

1. ______________________

Mamífero natural da África, herbívoro, de pernas e pescoço muito compridos. Tem o pelo amarelo, com manchas escuras. Gosta de comer brotos de árvores. É o animal mais alto da Terra.

2. ______________________

A parte amarelada do ovo, rodeada pela clara.

4. ______________________

O mesmo que abóbora.

3. ______________________

Cobra muito grande, comum em todo o Brasil. Vive nas florestas e nos campos e se alimenta de roedores e aves. Não é venenosa.

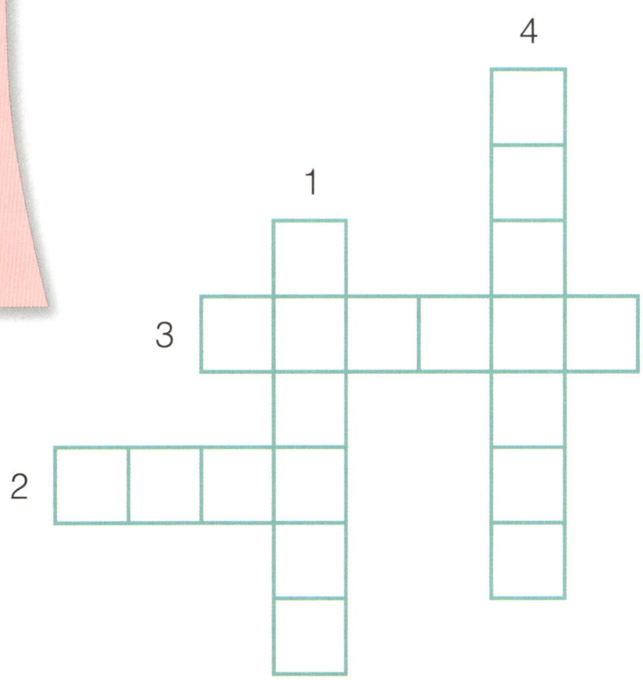

As definições usadas nesta atividade foram reproduzidas do dicionário **Aurelinho: dicionário infantil ilustrado da língua portuguesa**, de Aurélio Buarque de Holanda Ferreira. Curitiba: Positivo, 2008.

Reprodução/Editora Positivo

As letras **g** e **j** representam o mesmo som quando seguidas das vogais **e** e **i**. Por exemplo: **gelatina**, **gente**, **jerimum**, **jejum**, **girafa**, **gigante**, **jipe**, **jiló**.

LEITURA 2

Quais são suas brincadeiras prediletas?

Você já brincou de bola, papagaio ou pião?

Vamos agora brincar com as palavras? Leia o poema abaixo, que retrata todas essas brincadeiras.

Convite

Poesia
é brincar com palavras
como se brinca
com bola, papagaio, pião.

Só que
bola, papagaio, pião
de tanto brincar
se gastam.

As palavras não:
quanto mais se brinca
com elas
mais novas ficam.

Como a água do rio
que é água sempre nova.

Como cada dia
que é sempre um novo dia.

Vamos brincar de poesia?

Esse poema faz parte do livro **Poemas para brincar**, de José Paulo Paes. São Paulo: Ática, 2011. p. 3.

José Paulo Paes

Nasceu em 1926, em Taquaritinga, interior de São Paulo. Por muito tempo, trabalhou como químico e tradutor.

Depois que se aposentou, em 1981, passou a se dedicar completamente à literatura. Escreveu diversos livros para crianças, entre eles: **Poemas para brincar**, **Uma letra puxa a outra**, **Olha o bicho**, **Um passarinho me contou** e **Veja como eu sei escrever**. Faleceu em 1998 na cidade de São Paulo.

Antonio Milena/Arquivo da editora

ATIVIDADES

1 Escreva **V** (Verdadeiro) e **F** (Falso) para as afirmações abaixo, de acordo com o poema.

- [ ] As palavras são como água do rio, que é sempre água nova.
- [ ] As palavras envelhecem com o tempo. Quanto mais elas são usadas, mais ficam velhas.
- [ ] As palavras, assim como os brinquedos bola, papagaio e pião, se gastam de tanto brincar.
- [ ] As palavras ficam mais novas quanto mais se brinca com elas.

2 Em sua opinião, há diferença entre brincar com as palavras e brincar de bola, papagaio ou pião? Por quê?

Fabiana Salomão/Arquivo da editora

3 Cada linha de um poema é chamada de verso. Quantos versos há no poema **Convite**?

____

4 Por que você acha que o poema se chama **Convite**?

____

____

____

> Cada linha do poema é chamada de **verso**. O conjunto de versos chama-se **estrofe**.

5 Leia o poema abaixo e responda às questões.

Pião

O pião
no chão
na ponta do pé
veloz
rodopia.

O pião
bailarino
pro olhar do menino
é encanto
é magia.

Este poema faz parte do livro **O bailado: primeiros movimentos**, de Hardy Guedes Alcoforado Filho. São Paulo: Scipione, 2007.

Fabiana Salomão/Arquivo da editora

a) O poema tem quantos versos? E quantas estrofes?

____

b) Pinte de cores iguais as palavras do poema que rimam, isto é, apresentam sons semelhantes.

c) Forme dupla com um colega e discutam o que os poemas **Convite** e **Pião** têm em comum.

> Em muitos poemas são utilizadas **rimas**: palavras em que há sons semelhantes.

6 Você conhece outros poemas? Eles são parecidos com os poemas **Convite** e **Pião**?

MERGULHO NA ESCRITA GRAMÁTICA

Substantivo: singular e plural

1 Complete a descrição das imagens.

Fotos: 1. Hywit Dimyadi/Shutterstock/Glow Images; 2. Ivonne Wierink/Shutterstock/Glow Images

uma ______________________ três ______________________

Quando escrevemos **bola** há apenas um elemento: o substantivo está no **singular**.

Quando escrevemos **bolas**, há dois ou mais elementos: o substantivo está no **plural**.

2 Faça os desenhos dos brinquedos no singular e no plural.

	Singular	Plural
Pião		
Papagaio		

3 Passe os substantivos para o plural.

a)

Monkey Business Images/ Shutterstock/Glow Images

Paulaphoto/Shutterstock/Glow Images

o menino

os ______________________

b)

Igor Bulgarin/Shutterstock/Glow Images

Igor Bulgarin/Shutterstock/Glow Images

a bailarina

as ______________________

c)

Oculo/Shutterstock/Glow Images

Oculo/Shutterstock/Glow Images

a boneca

as ______________________

d)

Luis Carlos Torres/Shutterstock/Glow Images

Levi Mendes/SambaPhoto

o pião

os ______________________

MEUS TEXTOS

História em quadrinhos

Vamos brincar com as palavras e com as imagens criando uma história em quadrinhos? Lembre-se daquelas que você conhece e imagine como será a história inventada por você.

Depois você pode combinar com seus colegas e seu professor de montar uma exposição na escola com todas as histórias.

Para que sua história fique interessante e divertida, siga as etapas abaixo.

Planejamento

1 Pense nos personagens que a sua história terá:

- Quais e como eles serão?
- Eles terão alguma característica marcante?
- Faça vários desenhos até decidir as características deles.

2 Sequência de ações.

- O que vai acontecer? Imagine sua história seguindo os passos abaixo.

Primeiro quadrinho: Apresente os personagens e a situação inicial.	Segundo quadrinho: Crie uma situação de conflito ou dúvida sobre algo que será revelado nos próximos quadrinhos.
Terceiro quadrinho: Desenvolva a situação de conflito ou dúvida sem revelar o final. Tente despistar o leitor, fazendo parecer que a história terminará de outra maneira.	Quarto quadrinho: Dê um final à sua história, encerrando o conflito ou a dúvida. Tente criar um final surpreendente ou engraçado.

3 Escolha os balões que você utilizará em sua história:

Balão de fala

Balão de emoção

Balão de pensamento

Balão de cochicho

Rascunho

4 Em uma folha à parte, elabore o rascunho da sua história em quadrinhos: faça os desenhos e escreva as falas.

Fabiana Salomão/Arquivo da editora

Revisão

5 Forme dupla com um colega e conversem sobre a história que você criou. Depois, preencha o quadro.

	Sim	Preciso fazer/ refazer
Meu colega entendeu a história que eu criei?		
Usei adequadamente os balões de fala e de pensamento?		

6 Utilize a folha do **Material Complementar** para fazer a versão final de sua história em quadrinhos, fazendo os ajustes que forem necessários. Não se esqueça de criar um título para a sua história!

Fabiana Salomão/Arquivo da editora

Meu texto

Após a realização da atividade, organize com os outros alunos uma exposição das histórias em quadrinhos em alguma área da escola que seja acessível a outras turmas.

ATIVIDADES DO CAPÍTULO

1. Leia a história em quadrinhos e responda às questões abaixo.

Essa história em quadrinhos está disponível no portal **Turma da Mônica**, de Mauricio de Sousa: <www.monica.com.br/comics/tirinhas/tira146.htm>. Acesso em: 26 nov. 2012.

a) O que acontece nessa história?

b) Assinale com um **X** as afirmações corretas de acordo com a história.
A Magali pediu:

- [ ] Um sorvete para uma pessoa.
- [ ] Três sorvetes para uma pessoa.
- [ ] Um sorvete para três pessoas.
- [ ] Quatro sorvetes para quatro pessoas.

2. Na história em quadrinhos, a Magali pede quatro sorvetes. Se ela fosse pedir apenas um, como ficaria a fala dela? Escreva no balão e explique as mudanças que você fez.

© Mauricio de Sousa/Mauricio de Sousa Produções Ltda.

3. Encontre no quadro o nome de sete frutas que a Magali gosta de comer.

Q	U	P	N	F	M	O	T	A	N	G	E	R	I	N	A	T
P	M	I	L	G	O	R	S	N	O	M	C	E	R	E	J	A
X	K	T	A	L	R	F	V	B	U	V	K	A	X	Z	U	Y
A	Ç	A	Í	L	A	O	T	N	A	L	J	E	I	C	V	P
V	B	N	T	U	N	B	R	I	C	T	U	M	P	A	S	L
P	X	G	O	N	G	M	E	L	A	N	C	I	A	J	E	X
O	V	A	M	L	O	E	T	R	X	C	O	E	N	U	B	A

4. Que tal brincar com as palavras? Troque os versos em destaque da cantiga abaixo por outros que você inventar. Lembre-se: os versos devem rimar.

A Barata diz que tem ____________________

sete saias de filó ____________________

É mentira da Barata, ____________________

ela tem é uma só ____________________

Domínio público.

Fabiana Salomão/Arquivo da editora

LEITURA DE IMAGEM

Todo mundo quer brincar

Você já parou para pensar que algumas crianças têm muitos brinquedos e outras têm poucos ou quase nada? Será que uma criança poderia ajudar a outra? Como?

Observe

Esta é Jaqueline. Ela vive nas Filipinas, um país bem distante do Brasil. Seu pai é fotógrafo e o sonho dela é ser modelo quando crescer.

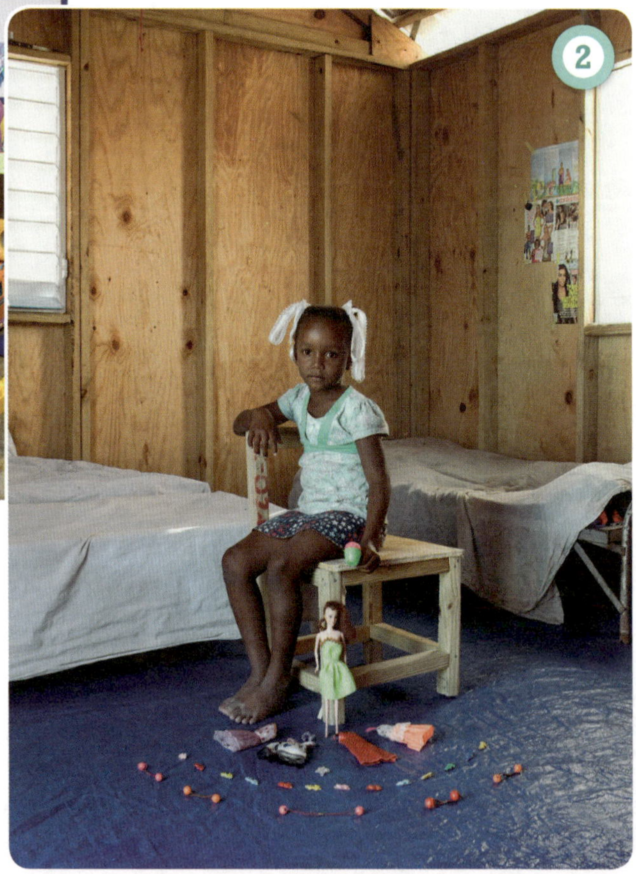

Esta é Bethsaida. Ela mora no Haiti, outro país distante do Brasil. O sonho dela é ser cabeleireira. Ela pratica penteados com sua única boneca, que teve parte do cabelo cortada por seu irmão.

Fotos: Gabriele Galimberti/Riverboom/Institute

Analise

1. Quantas bonecas a menina da imagem 1, Jaqueline, tem? Ela tem outros brinquedos repetidos?

2. Em sua opinião, por que ela teve de subir no beliche para tirar a foto?

3. A imagem 2 mostra o quarto de Bethsaida. Quantas bonecas ela tem?

4. Na frente das roupinhas da boneca de Bethsaida há algumas presilhas de cabelo. Você considera que as presilhas sejam brinquedo? Por quê?

Relacione

5. Observe o quarto de Jaqueline e o de Bethsaida. Eles são diferentes? Por quê? Explique a sua resposta.

6. Você acha que há crianças ao redor do mundo que ainda não têm nenhum brinquedo? Por quê?

7. O que você acha que poderia ser feito para ajudar essas crianças?

8. Que tal organizar com sua turma uma campanha de doação de brinquedos? Com seus colegas, façam cartazes convidando outras turmas a participar também.

CAPÍTULO 9

UM TIGRE, DOIS TIGRES, TRÊS TIGRES

LEITURA 1

Leia os trava-línguas abaixo com um colega.
Quem consegue ler mais rápido, sem se atrapalhar?

Sobre aquela serra
Há uma arara loura.
A arara loura falará?
Fala, arara loura!

Olha o sapo dentro do saco.
O saco com o sapo dentro.
O sapo batendo papo,
E o papo do sapo soltando vento.

Domínio público.

Um prato de trigo para um tigre triste.
Dois pratos de trigo para dois tigres tristes.
Três pratos de trigo para três tigres tristes.

O tempo perguntou ao tempo
Quanto tempo o tempo tem.
O tempo respondeu ao tempo
Que o tempo tem tanto tempo
Quanto tempo o tempo tem.

Domínio público.

Em sua opinião, por que esses textos se chamam trava-línguas?

Bruno Nunes/Arquivo da editora

ATIVIDADES

1 Releia este trava-língua:

Sobre aquela serra
Há uma arara loura.
A arara loura falará?
Fala, arara loura!

- Quais palavras você acha que são mais difíceis de pronunciar rapidamente?

____

2 Releia em voz alta o trava-língua abaixo e pinte de cores iguais as palavras que apresentam sons semelhantes.

Olha o sapo dentro do saco.
O saco com o sapo dentro.
O sapo batendo papo,
E o papo do sapo soltando vento.

Ilustrações: Fabiana Salomão/Arquivo da editora

3 Em sua opinião, o que é mais importante no trava-língua: o significado ou a sonoridade das palavras? Explique sua resposta.

____

____

____

____

____

4 Complete estes outros trava-línguas com as palavras que estiverem faltando.

Como pouco coco como,
Pouco ____________ compro.

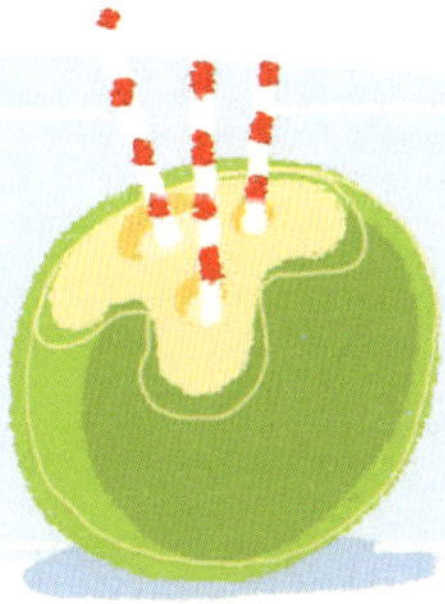

O doce perguntou pro doce
Qual é o doce mais ____________
Que o doce de batata-doce.
O doce ____________ pro doce
Que o doce mais doce que
O doce de batata-doce
É o doce de doce de ____________.

Atrás da pipa tem um prato, um pinto e
um gato.
Pinga a pipa dentro do prato, ____________ o
pinto e mia o ____________.

Domínio público.

Ilustrações: Fabiana Salomão/Arquivo da editora

O **trava-língua** é um texto em que há repetição de sílabas com sons semelhantes ou difíceis de pronunciar.

5 O trava-língua pode ser um jeito de brincar com as palavras?

____

____

____

MERGULHO NA ESCRITA ORTOGRAFIA

Som nasal

1 Releia este trava-língua.

Fabiana Salomão/Arquivo da editora

O tempo perguntou ao tempo
Quanto tempo o tempo tem.
O tempo respondeu ao tempo
Que o tempo tem tanto tempo
Quanto tempo o tempo tem.

- Em algumas palavras desse texto, uma parte do som acaba saindo pelo nariz quando elas são pronunciadas. Quais são essas palavras? Sublinhe-as.

2 Escreva o trava-língua que o professor vai ditar.

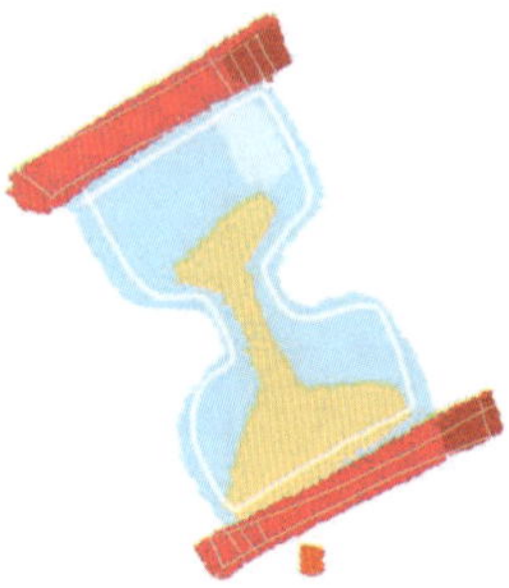

- Quais são as letras que indicam o som nasal das vogais desse trava-língua?

Quando estão no final de sílaba, as letras **m** e **n** indicam o **som nasal** das vogais. Exemplos: b**am**bolê, c**an**ção, tr**em**, p**en**te, **tam**bor**im**, pat**in**s, bat**om**, m**on**tar, b**um**bo, m**un**do.

3 Escreva as letras **m** ou **n** no final da primeira sílaba e forme outras palavras.

a) troco: ______________________

b) mato: ______________________

c) meta: ______________________

d) sobra: ______________________

4 Decifre os códigos para descobrir outras palavras com som nasal.

a	ã	c	ç	i	l	m	o	r	v

Ilustrações: Fabiana Salomão/Arquivo da editora

a) 

____

c) 

____

b) 

____

d) 

____

O som nasal também pode ser indicado pelo **til** (~). O til pode ser usado sobre as vogais **a** e **o**.

5 Coloque o til sobre as vogais **a** ou **o** para indicar o som nasal nas palavras abaixo.

la	raçao	alemao	capitaes
paes	emoçoes	botoes	vila

LEITURA 2

Você já foi ao zoológico? Que animais você viu?

O que você faria se quisesse saber curiosidades sobre alguns animais que chamam a sua atenção?

Sobremesa de jacaré

Gabriel Toscano

Você sabia que esses temidos animais carnívoros também gostam de saborear frutas?

A aparência medonha e a boca enorme, cheia de dentes afiados, logo nos fazem imaginar que jacarés e crocodilos são predadores vorazes, certo? E isso é verdade. Mas cientistas observaram que, além de adorar carne, esses animais não dispensam uma boa fruta! [...]

Não se sabe ao certo por que os crocodilianos – grupo animal a que pertencem os jacarés e crocodilos – incluem frutas na dieta. Uma explicação seria o alto valor nutricional desses alimentos. Outra, mais provável, é que as frutas possuem fibras e outros componentes que ajudam na digestão das refeições favoritas desses bichos: carne dos mais variados tipos, incluindo peixes, caranguejos, insetos e até grandes mamíferos e aves.

Hagaquezart estúdio/Arquivo da editora

O biólogo Sérgio Augusto Morato, da Universidade Federal do Paraná, já encontrou pelo menos três espécies de crocodilianos brasileiros que incluem vegetação no cardápio: jacaré-de-papo-amarelo, jacaretinga e jacaré-coroa. “Observamos sementes, folhas e pequenos galhos, e sempre consideramos isso como uma ingestão acidental”, conta.

Mas outros dados apontam que esses répteis gostam mesmo de incluir vegetais nas refeições. Das 23 espécies de crocodilianos conhecidas no mundo, 13 ingerem frutas. “Isso não foi uma mudança recente nos hábitos alimentares dos bichos – nós é que não tínhamos percebido isso antes”, aponta Sérgio.

Ao se alimentarem de frutas, os crocodilos ajudam na dispersão de sementes, que ficam no aparelho digestório do bicho e acabam sendo levadas para os lugares por onde o animal passa. Esta é mais uma relação na natureza em que as duas partes saem ganhando: enquanto os crocodilos têm uma refeição saudável, as plantas conseguem se distribuir por novos e diferentes locais.

Miguelrangeljr/Wikimedia Commons/Creative Commons

O jacaré-de-papo-amarelo é uma das espécies brasileiras que podem consumir frutas e outros produtos vegetais, como sementes e folhas.

Hedwig Storch/Wikimedia Commons/Creative Commons

O jacaré-coroa vive na Amazônia brasileira e também já teve frutas e vegetais encontrados em seu estômago.

Essa reportagem foi publicada no *site* da revista **Ciência Hoje das Crianças**. Disponível em: <http://chc.cienciahoje.uol.com.br/sobremesa-de-jacare/>. Acesso em: 13 nov. 2015.

<http://chc.cienciahoje.uol.com.br/sobremesa-de-jacare/>/Arquivo da editora

ATIVIDADES

1 Leia as frases abaixo e assinale **V** (Verdadeiro) e **F** (Falso) de acordo com a reportagem.

- [ ] Um dos alimentos dos jacarés é a carne.
- [ ] Foi comprovado que os jacarés comem frutas por causa de seu sabor.
- [ ] Os jacarés passaram a ingerir frutas recentemente.
- [ ] Além das frutas, os jacarés também comem vegetais.
- [ ] As frutas atrapalham a digestão dos animais.

2 Como os crocodilos podem ajudar a espalhar sementes de frutas? Explique com suas palavras.

____

____

____

____

3 Releia o início da reportagem. O repórter parece surpreso com o fato de que os jacarés comem frutas? Por quê?

Hagaquezart estúdio/Arquivo da editora

4 O repórter usou uma palavra para se referir ao grupo a que pertencem os jacarés e crocodilos. Que palavra é essa?

____

5 Ninguém tem certeza sobre o motivo por que os jacarés comem frutas, mas os biólogos têm duas hipóteses. Quais são elas? Marque-as com um **X**.

- [ ] Frutas são coloridas.
- [ ] Frutas têm alto valor nutricional.
- [ ] Frutas ajudam na digestão.
- [ ] Frutas são baratas.

6 Responda a estas questões.

a) Quem escreveu a reportagem?

____

b) Para quem foi escrita essa reportagem?

____

c) Em que *site* a reportagem foi publicada?

____

Fabiana Salomão/Arquivo da editora

Em uma **reportagem**, alguém escreve sobre um fato de provável interesse de alguns leitores. As reportagens podem ser publicadas em jornais, revistas e *sites* da internet.

MERGULHO NA ESCRITA GRAMÁTICA

Substantivo: diminutivo e aumentativo

1 Releia este trecho da reportagem:

Observamos sementes, folhas e **pequenos galhos** [...].

- Como você reescreveria o trecho em destaque usando somente uma palavra?

____

2 Complete o quadro com as palavras que estão faltando. Siga o exemplo.

elefantinho	elefante	elefantão
filhinho	filho	filhão
	caderno	
	copo	
	gato	
	pato	
	lanche	
	nariz	
	corpo	

Fabiana Salomão/ Arquivo da editora

3 Observe as imagens e escreva os substantivos no diminutivo e no aumentativo.

Ilustrações: Fabiana Salomão/Arquivo da editora

Diminutivo	Normal	Aumentativo

	flor	

O **diminutivo** é usado para indicar o que está em um tamanho menor que o normal. O **aumentativo** é usado para indicar o que está em um tamanho maior que o normal.

4 Observe a sala de aula e escreva o nome de quatro objetos que você vê.

- Como ficaria o nome desses objetos no diminutivo e no aumentativo? Escreva-os no quadro.

Diminutivo	Normal	Aumentativo

MEUS TEXTOS

Reportagem para rádio

Você já ouviu uma reportagem no rádio ou na TV? Foi diferente de ler uma reportagem escrita?

Vamos fazer uma reportagem para o rádio? Forme um grupo com alguns colegas e preparem-se para ser jornalistas por um dia!

Planejamento

1 Escolham um espaço da escola para investigar:

- O que esse lugar tem de especial?
- Os alunos gostam desse lugar? Por quê?
- Que uso os alunos e os funcionários da escola fazem desse lugar? Ele poderia ser utilizado de outra forma?
- Esse lugar está associado mais ao estudo, à diversão, à socialização ou à alimentação?
- Já aconteceu alguma coisa divertida ou interessante nesse lugar?

2 Conversem com as pessoas que trabalham nesse lugar ou que o frequentam para conseguir outras informações.

3 Combinem quem ficará responsável pelas tarefas:

- Quem fará a pesquisa?
- Quem escreverá o texto?
- Quem investigará cada um dos itens de planejamento da reportagem?
- Quem será o locutor da reportagem?

Rascunho

Com todas as informações em mãos, chegou a hora de escrever a reportagem!

4 Organizem tudo o que vocês descobriram obedecendo a uma sequência. Façam um rascunho em uma folha à parte.

5 Pensem em um título para a reportagem.

Revisão

6 Leiam o texto e, juntos, façam uma revisão da reportagem preenchendo o quadro a seguir.

	Sim	Preciso fazer/refazer
A reportagem tem título?		
Ficou muito extensa?		
As informações são interessantes?		
As informações estão organizadas de modo claro?		

7 Reescrevam o texto após a revisão fazendo os ajustes necessários e, com base no texto final, gravem a versão final da reportagem.

Meu texto

Em um dia combinado com antecedência, apresentem o material gravado para os outros grupos ouvirem.

Hagaquezart estúdio/Arquivo da editora

ATIVIDADES DO CAPÍTULO

1. Leia o trecho de outra reportagem sobre animais. Em seguida, assinale as alternativas corretas.

Como os peixes dormem?

Você já parou na frente de um aquário e se fez esta pergunta? Será mesmo que os peixes precisam de descanso como o ser humano? Veja o que biólogos dizem.

Bruna Estevanin

Na verdade, eles não dormem. Pelo menos não como a gente. Para os peixes, não existe um período longo de descanso dedicado ao sono. Em vez disso, eles diminuem as atividades por alguns segundos, várias vezes, ao longo do dia. Isso rola porque dormir é um fenômeno ligado ao nível de metabolismo do animal. Nós, humanos, temos metabolismo elevado e um desgaste energético muito maior. Por isso, um repouso demorado e profundo é fundamental para nós, mas não para eles. Além disso, para os peixes, dormir poderia significar a morte, já que eles estão sempre rodeados de predadores.

[...]

Essa reportagem foi publicada no *site* **Planeta Sustentável**. Disponível em: <http://planetasustentavel.abril.com.br/planetinha/bichos/como-os-peixes-dormem-859600.shtml>. Acesso em: 13 nov. 2015.

Hagaquezart estúdio/Arquivo da editora

a) A reportagem é um texto que:

- [ ] deve ser organizado sempre em versos e ter rimas.
- [ ] apresenta uma série de informações sobre um assunto do interesse de alguns leitores.
- [ ] utiliza balões de fala, desenhos e é organizado em quadrinhos.

b) Essa reportagem foi publicada em um *site*. Onde mais ela poderia aparecer?

- [ ] revistas
- [ ] gibis
- [ ] jornais
- [ ] dicionários
- [ ] livros de receita
- [ ] outros. Quais? ______________________

2. Leia este trava-língua:

O pinto pia.
A pia pinga.
Quanto mais o pinto pia,
Mais a pia pinga.

Domínio público.

Fabiana Salomão/
Arquivo da editora

- Sublinhe no trava-língua as palavras em que as vogais são nasais.

3. Leia as palavras dos dois quadros abaixo.

a) Pinte os substantivos que **não** estão no diminutivo.

caminho	lacinho	galinha	casinha

b) Agora, pinte os substantivos que **não** estão no aumentativo.

coração	amigão	melão	narigão

O QUE APRENDI?

Reprodução/Galeria Jacques Ardies

1. Suponha que as crianças da pintura vão usar parlendas para decidir quem vai iniciar uma brincadeira.

a) Qual parlenda elas poderiam usar?

b) Qual dos gêneros textuais abaixo é mais parecido com a parlenda que você mencionou?

☐ poema ☐ reportagem ☐ história em quadrinhos

2. Imagine que a menina com a peteca recebeu um convite para participar das brincadeiras. Leia a mensagem do convite e escreva nos quadrinhos a que se referem os elementos destacados.

Carolina, venha participar da nossa tarde de brincadeiras! Será no dia 14 de setembro, no Parque Águia Dourada. Combinamos de chegar às 14h. Pode trazer mais amigos!
Vejo você lá!

Professora Rita

3. Observe os substantivos abaixo:

☐ livrões ☐ chuvisco ☐ bocarras ☐ ilhota

a) Escreva **A** para os substantivos no aumentativo e **D** para os substantivos no diminutivo.

b) Passe para o plural os substantivos que estão no singular e para o singular os substantivos que estão no plural.

____

4. Escreva as palavras ditadas pelo professor na primeira coluna da tabela abaixo. Depois, separe as sílabas das palavras na segunda coluna.

Palavra	Separação silábica

MINHA COLEÇÃO DE PALAVRAS

Escreva com suas palavras o que você entende por:

- Trava-língua:

____

____

- Sílaba:

____

UNIDADE 4

ANIMAL!

Ilustração: Felipe Prado; foto: Carlos Caetano / Shutterstock

- Quais animais aparecem nesta cena? O que eles estão fazendo?
- Além da faixa de boas-vindas, há um cartaz na cena. O que está escrito nele? Por que esta frase está escrita no cartaz?

CAPÍTULO 10

OS ANIMAIS DÃO A LIÇÃO

LEITURA 1

O texto que você vai conhecer agora é uma fábula. Nela, uma das personagens, a cigarra, pede ajuda a uma formiga. Você sabe o que é uma cigarra? Será que ela receberá a ajuda de que precisa?

E você, já precisou da ajuda de alguém? E já socorreu alguém que algum dia lhe pediu ajuda?

A cigarra e as formigas

Era uma vez uma jovem cigarra que não fazia outra coisa na vida a não ser cantar.

Entoava as mais lindas canções perto de um formigueiro.

Enquanto isso, as formigas trabalhavam sem parar.

Colhiam pedaços de folhas para forrar o berçário das formigas recém-nascidas. Transportavam grãos para que no inverno tivessem o que comer. Enfim, viviam atarefadas, entrando e saindo do formigueiro.

entoava: cantava.

O inverno chegou. O frio era tanto que a cigarra quase ficou congelada. Então, bateu na porta do formigueiro à procura de um lugar quentinho para se abrigar.

— Olá! Será que eu posso entrar? Estou com frio e com fome!

A guardiã do formigueiro não se conteve:

— O quê? Enquanto nós trabalhávamos duro, você só pensava em se divertir. Pois agora: boa diversão! — disse.

E bateu a porta na cara da cigarra, que foi obrigada a cantar em outra freguesia.

Os preguiçosos nada têm a colher.

Reprodução/Editora Scipione

Esse texto faz parte do livro **Fábulas de Esopo**, de Jean de La Fontaine. Adaptado por Lúcia Tulchinski.São Paulo: Scipione, 2007. p.13.

freguesia: povoado; lugar.
guardiã: aquela que defende e protege algo ou alguém.

Fabiana Salomão/Arquivo da editora

ATIVIDADES

1 Quem são os personagens dessa fábula?

____

____

2 Em sua opinião, por que a cigarra não tinha abrigo e alimentos quando o inverno chegou?

3 Você acha que a formiga agiu bem ao negar ajuda à cigarra? Por quê?

____

____

____

4 As fábulas apresentam aos leitores um ensinamento, algo que se poderia aprender com a história. Releia o final dessa fábula:

Os preguiçosos nada têm a colher.

- Você concorda com esse ensinamento? Por quê?

5 O que você acha que a cigarra fez depois que a formiga fechou a porta? Escreva a resposta e faça um desenho para ilustrar o que você pensou.

____

____

____

____

____

6 Leia o poema.

Sem barra

Enquanto a formiga
carrega comida
para o formigueiro,
a cigarra canta,
canta o dia inteiro.

A formiga é só trabalho.
A cigarra é só cantiga.

Mas sem a cantiga
da cigarra
que distrai da fadiga,
seria uma barra
o trabalho da formiga!

Esse poema faz parte do livro **Olha o bicho**, de José Paulo Paes. São Paulo: Ática, 2011.

Adilson Farias/Arquivo da editora

a) Nesse poema, o canto da cigarra ajuda ou atrapalha o trabalho da formiga? Por quê?

b) Você concorda com as ideias presentes no poema? Conte sua opinião aos colegas.

> As **fábulas** são textos curtos que apresentam um ensinamento.
>
> Os personagens são, geralmente, **animais** que se comportam **como se fossem humanos**.

MERGULHO NA ESCRITA ORTOGRAFIA

A letra r e o rr

1 Releia este trecho do poema de José Paulo Paes.

Adilson Farias/Arquivo da editora

Enquanto a formiga
carrega comida
para o formigueiro,
a **cigarra** canta,
canta o dia **inteiro**.

- Leia as palavras destacadas em voz alta e copie-as abaixo.

____

a) Em quais dessas palavras a letra **r** representa o mesmo som que aparece na palavra **barra**? Copie-as.

____

b) Em quais palavras a letra **r** representa o mesmo som que aparece na palavra **atarefada**? Copie-as.

____

2 Leia este trava-língua:

A aranha arranha a jarra,
A jarra arranha a aranha,
Nem a aranha arranha a jarra
Nem a jarra arranha a aranha.

Domínio público.

Adilson Farias/Arquivo da editora

a) O trava-língua faz uma brincadeira com os sons de qual letra?

____

b) Leia em voz alta estas duas palavras: **aranha** e **arranha**.

- Qual é a diferença na escrita dessas palavras?

____

- Pronuncie as duas palavras. Você percebe alguma diferença?

3 Leia em voz alta a palavra abaixo.

Adilson Farias/Arquivo da editora

RAINHA

- E nessa palavra, o som que o **r** representa se parece com o da palavra **aranha** ou com o da palavra **arranha**?

____

4 As palavras abaixo foram retiradas da fábula **A cigarra e as formigas**.

cigarra | berçário | forrar | formigueiro | agora | recém-nascidas

a) Pinte de  as palavras em que o **r** aparece representando o mesmo som de **aranha**.

b) Pinte de  as palavras em que o **r** aparece representando o mesmo som de **arranha**.

5 Escreva quatro palavras que comecem com **r**.

____

____

a) Nas palavras que você escreveu, alguma começa com **rr**?

____

b) Será que existe alguma palavra que comece com **rr**?

A letra **r** pode representar um som **prolongado** no início das palavras, como em **reino**, ou quando é duplicada, como em **cigarra**.

Além disso, a letra **r** também pode representar um som mais **curto** quando está entre vogais, como em **aranha**.

ENTENDER AS PALAVRAS: DICIONÁRIO

Letras r e l no meio da sílaba

1. Complete este trecho da fábula **A cigarra e as formigas** com uma das palavras do quadro.

fio	frio

O inverno chegou. O _________ era tanto que a cigarra quase ficou congelada. Então, bateu na porta do formigueiro à procura de um lugar quentinho para se abrigar.

a) Que diferença você percebeu na escrita das duas palavras do quadro?

____

b) Leia estes verbetes de dicionário:

fio (fio) *substantivo*
1. Fibra de certas plantas. **2.** Linha feita com fibras vegetais, ou com lã, seda ou náilon. **3.** Gume de instrumento cortante: *Esta faca tem um bom **fio**.* **4.** Metal esticado em forma de fio: *Os acrobatas andam sobre um **fio**.*

frio (frio)
• *adjetivo* **1.** Que não tem calor; que perdeu calor: *Não gosto de café **frio**.*
• *substantivo* **2.** Sensação produzida pela falta de calor: *O **frio** que senti no inverno de 1975 foi muito intenso.* **3.** Falta de calor: *O **frio** matou os pintinhos.*

Esse texto foi reproduzido do dicionário **Aurelinho: dicionário infantil ilustrado da língua portuguesa**, de Aurélio Buarque de Holanda Ferreira. Curitiba: Positivo, 2008. p.149 e 153.

• O significado das palavras **fio** e **frio** é o mesmo?

____

____

____

Como você viu, basta mudar uma letra para mudar também o sentido das palavras.

Veja outro exemplo:

FECHAR

FLECHAR

Ilustrações: Vicente Mendonça/Arquivo da editora

2. Leia as palavras e escreva-as abaixo das figuras.

pato prato	cara – clara	caro – claro

Ilustrações: Vicente Mendonça/Arquivo da editora

____

____

____

____

____

____

a) Procure as palavras **pato** e **prato** no dicionário. Depois procure as palavras **cara** e **clara**.

b) As palavras **pato** e **prato** estavam na mesma página? E as palavras **cara** e **clara**? Por que você acha que isso aconteceu? Converse com seus colegas e procurem explicar.

LEITURA 2

Você conhecerá agora outra fábula.

Leia o título e responda: o que ela tem de parecido com a fábula **A cigarra e as formigas**?

O macaco e o camelo

Numa reunião de bichos, um macaco se levantou e dançou. Fez grande sucesso:

— Como é engraçado!

— Como dança bem!

E todos aplaudiram.

Um camelo, com inveja, quis ganhar os mesmos elogios.

Levantou-se e foi dançar.

Não tinha o menor jeito. Embrulhou as quatro patas de tal maneira que os bichos morreram de rir:

— Mas que exibido!

— Por que ele nos ocupa com essas bobagens?

E como o camelo insistia, perderam a paciência e acabaram por expulsá-lo da reunião.

Moral: É perda de tempo invejar as qualidades dos outros. Cada um tem as suas.

Reprodução/Editora Ática

Esse texto faz parte do livro **12 fábulas de Esopo**, de Hans Gärtner. São Paulo: Ática, 1996. p. 12.

Bruno Nunes/Arquivo da editora

Você viu que o camelo gostava muito de receber elogios.

Em sua opinião, é importante que os elogios sejam sinceros?

Você acha importante elogiar as pessoas? Por quê?

ATIVIDADES

1 Os personagens dessa fábula são:

☐ pessoas. ☐ animais. ☐ objetos.

2 Quais foram os elogios que o macaco recebeu?

____

____

3 Por que o camelo resolveu dançar também?

____

____

____

4 Por que o camelo foi expulso da reunião?

____

____

____

5 O que aconteceu com o macaco e o camelo poderia acontecer entre seres humanos?

____

____

Adilson Farias/
Arquivo da editora

6 A fábula apresenta um ensinamento. Copie-o no espaço abaixo.

Bruno Nunes/Arquivo da editora

a) O que podemos aprender com a fábula **O macaco e o camelo**?

b) Você concorda com a moral dessa fábula? Por quê?

7 Releia uma das fábulas deste capítulo e indique três qualidades ou defeitos de um de seus personagens.

Adilson Farias/Arquivo da editora

MERGULHO NA ESCRITA GRAMÁTICA

Ponto-final, ponto de exclamação e ponto de interrogação

1 Releia este trecho da fábula **O macaco e o camelo**.

— Mas que exibido!

— Por que ele nos ocupa com essas bobagens?

E como o camelo insistia, perderam a paciência e acabaram por expulsá-lo da reunião.

- Observe que nesse trecho, além das palavras, também há alguns sinais.

a) Pinte de ▯ o sinal usado para fazer uma pergunta.

b) Pinte de ▯ o sinal usado para indicar reprovação.

c) Pinte de ▯ o sinal usado para indicar o final de uma frase.

Os **sinais de pontuação** nos ajudam a compreender melhor o texto, pois indicam diferentes informações.

O **ponto-final** (.) é usado no fim de uma frase e indica quando ela acaba. Por exemplo:

*Levantou-se e foi dançar***.**

O **ponto de interrogação** (?) é usado para indicar uma pergunta. Por exemplo:

*Posso entrar***?**

O **ponto de exclamação** (!) é usado para indicar alegria, admiração, reprovação, surpresa, pedido, ordem, medo, dor, etc. Por exemplo:

*Como dança bem***!**

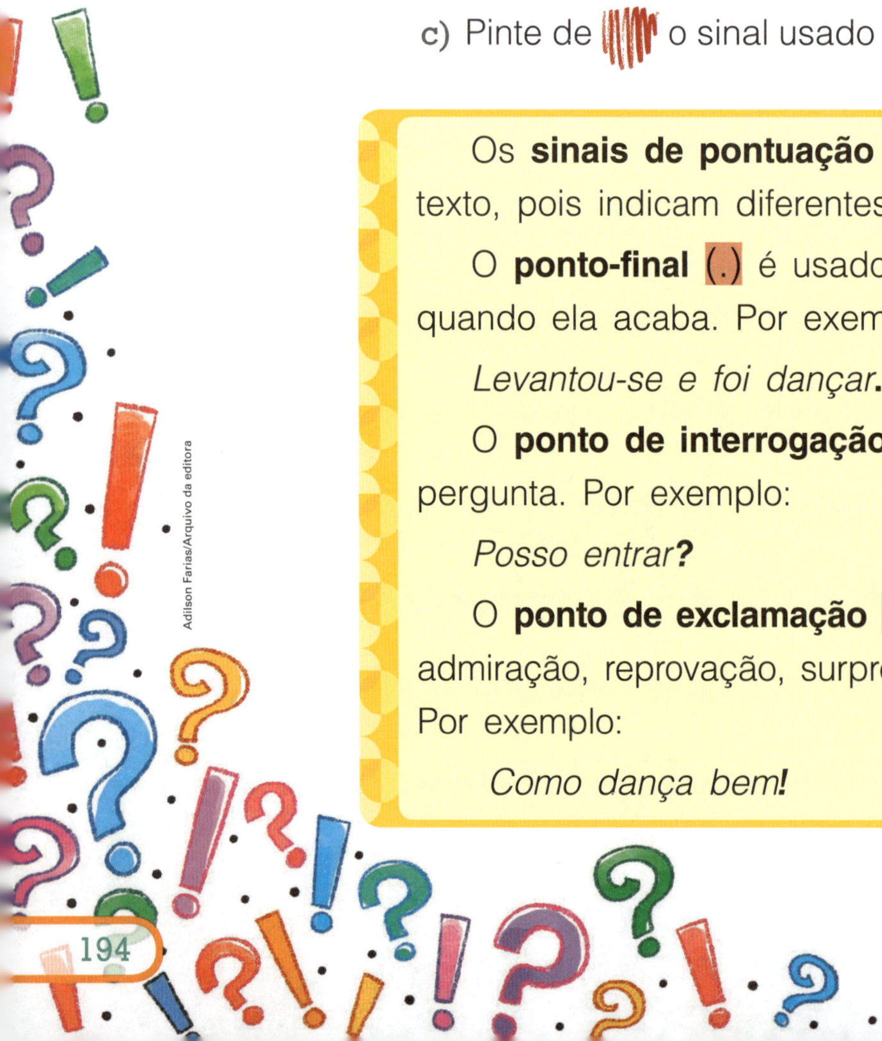

Adilson Farias/Arquivo da editora

2 Leia esta tirinha da Turma da Mônica e observe os sinais de pontuação que aparecem na história.

Essa tirinha foi retirada do livro **Turma da Mônica: pintou sujeira!**, de Mauricio de Sousa. Porto Alegre: L&PM, 2012. p. 116.

a) No último quadrinho, os personagens voltam à bilheteria e parecem estar bravos. Por que eles estão irritados?

____

____

b) Quais sinais de pontuação aparecem nessa tirinha?

____

c) O que os sinais de pontuação indicam em cada quadrinho?

3 Leia as frases abaixo em voz alta.

a) Você já foi ao cinema este mês.

b) Você já foi ao cinema este mês!

c) Você já foi ao cinema este mês?

- Qual a diferença na escrita dessas frases?

____

- O sentido delas é o mesmo? Converse com os colegas e o professor.

MEUS TEXTOS

Fábula

1 Você sabia que, muitas vezes, os ensinamentos contidos nas fábulas são provérbios ou ditados populares?
Complete os ditados populares abaixo com as palavras do quadro e depois converse com os colegas e o professor sobre o significado de cada um.

quer	dura	mole	morde

a) Quem tudo ________ nada tem.

b) Água ________ em pedra ________ tanto bate até que fura.

c) Cão que ladra não ________.

2 Agora, junte-se a mais dois colegas para criar uma fábula. Para isso, façam o seguinte:

- Em casa, cada um deve perguntar a um adulto se ele se lembra de algum ditado popular interessante e escrever o ditado em um papel.
- Depois, escolham apenas um entre os ditados que trouxeram de casa e aqueles que vocês completaram na atividade 1.
- O ditado que vocês escolherem será a moral da história.
- Por fim, quando tudo estiver pronto, vocês e os outros grupos farão um livro de fábulas da turma.

Adilson Farias/Arquivo da editora

Planejamento

3 Pensando no ditado popular que você e seus colegas escolheram, imaginem como será a história:

- Quais serão os personagens?
- Onde a história se passará?
- O que acontecerá?
- Como será o final?

Rascunho

4 Escrevam um rascunho da fábula no caderno. Lembrem-se de que as fábulas são curtas. No final dela, escrevam a moral da história.

Revisão

5 Releiam o texto do rascunho, observando os itens do quadro.

	Sim	Preciso fazer/refazer
Os personagens são animais?		
A fábula tem um título?		
A sequência das ações faz sentido?		
A moral da história está no final da fábula?		
A fábula criada está de acordo com a moral da história que vocês escolheram?		

6 Após a revisão, façam as correções necessárias e escrevam a fábula em uma folha à parte. Façam desenhos para ilustrá-la.

Meu texto

Reúnam-se com os outros grupos e juntem as fábulas para formar o **Livro de fábulas da turma**. Que tal, depois de pronto, levar o livro para mostrar aos seus familiares?

ATIVIDADES DO CAPÍTULO

1. Marque as alternativas corretas sobre as fábulas.

- [ ] Os personagens são reis, rainhas e princesas.
- [ ] O texto geralmente é curto.
- [ ] Terminam com "Foram felizes para sempre".
- [ ] Trazem um ensinamento ou moral da história.
- [ ] Os personagens geralmente são animais.

2. Complete as palavras com **r** ou **rr**.

ca____o	____osa	a____oz
____elógio	ja____a	ca____inho
ca____eta	cu____ioso	ama____elo

3. Pesquise no dicionário palavras que tenham a letra **r** ou a letra **l** entre uma consoante e uma vogal e escreva-as na coluna certa.

braço	**blusa**

4. Coloque os sinais de pontuação nos quadrinhos.

☐ ponto-final

☐ ponto de exclamação

☐ ponto de interrogação

- Agora complete as falas com a pontuação final correta.

a) Pedro perguntou à sua amiga Laura:

— Vamos brincar____

b) A professora falou espantada:

— Os alunos chegaram cedo hoje____

c) — O que vocês trouxeram para a festa da escola: doce ou salgado?

— Trouxemos um bolo de coco____

5. Complete os balões com ponto de exclamação **!** ou ponto de interrogação **?**.

Adilson Farias/Arquivo da editora

CAPÍTULO

11 QUEM PROCURA ACHA!

LEITURA 1

No capítulo anterior, você conheceu alguns ditados populares.

Em duplas, leiam os ditados populares a seguir e discutam o significado de cada um.

Hagaquezart estúdio/Arquivo da editora

ATIVIDADES

1 Complete os ditados populares com as palavras do quadro.

cru	sapato	amanhã	ferreiro	vento	hoje

a) Não deixe para ____________ o que pode fazer ____________.

b) Quem tem pressa come ____________.

c) Cada um sabe onde lhe aperta o ____________.

d) Casa de ____________, espeto de pau.

e) Quem semeia ____________ colhe tempestade.

2 Observe a ilustração e descubra o ditado, completando a frase com as palavras do quadro.

Adilson Farias/Arquivo da editora

feiticeiro	feitiço

- O ____________ virou contra o ____________.

3 Relacione cada provérbio ao seu significado. Veja o exemplo.

1 Cada macaco no seu galho.	( ) É melhor estar sozinho do que ao lado de uma companhia ruim.
2 Antes só do que mal acompanhado.	(1) Cada um deve cuidar da própria vida.
3 Um dia da caça, outro do caçador.	( ) Para que uma briga aconteça é preciso que as duas pessoas queiram. Se apenas uma estiver disposta, não há briga.
4 A pressa é inimiga da perfeição.	( ) Para que algo fique perfeito, é preciso ser feito com calma e tranquilidade.
5 Nem tudo o que reluz é ouro.	( ) Nem tudo é o que parece ser; as aparências enganam.
6 Quando um não quer, dois não brigam.	( ) Um dia conseguimos evitar problemas, no dia seguinte já não temos a mesma sorte.

O **ditado popular** é uma frase curta que apresenta um conselho ou um ensinamento. Os ditados são transmitidos de geração a geração e fazem parte da nossa cultura.

Adilson Farias/
Arquivo da editora

MERGULHO NA ESCRITA ORTOGRAFIA

A letra s e o ss

1 Releia os provérbios prestando atenção ao som que a letra **s** representa nas palavras **destacadas**.

Adilson Farias/Arquivo da editora

- O que você percebeu em relação ao som representado pela letra **s** nessas palavras?

2 Leia as palavras do quadro e escreva-as abaixo das imagens correspondentes.

sorvete	vassoura	pêssego	sapo	sofá	pássaro

As imagens destas páginas não estão representadas em tamanho proporcional entre si.

____

____

____

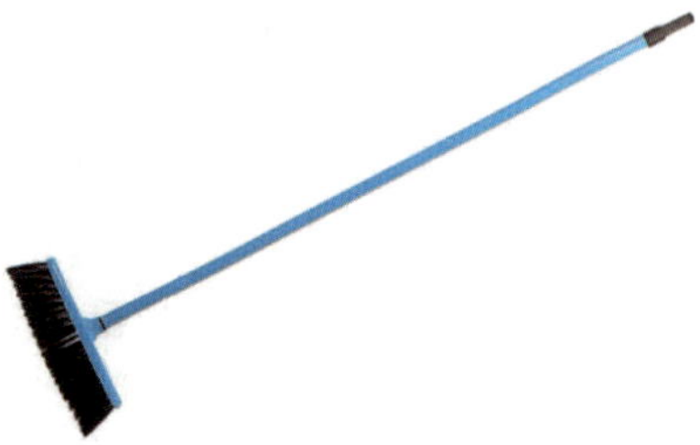
____

____

____

Fotos: 1. Jiang Hongyan/Shutterstock/Glow Images; 2. Victor Tyakht/Shutterstock/Glow Images; 3. Art&design/Shutterstock/Glow Images; 4. DenisNata/Shutterstock/Glow Images; 5. Dan Kosmayer/Shutterstock/Glow Images; 6. Anna Kucherova/Shutterstock/Glow Images

3 Complete as palavras com **s** ou **ss**.

____abão	____elo	pa____arinho
pa____ado	____uco	pa____eio
____onho	pe____oa	____exta-feira

a) Leia em voz alta as palavras e preste atenção ao som do **s** e do **ss**.

b) Escreva **V** para o que for verdadeiro e **F** para o que for falso.

- [ ] Algumas palavras iniciam com **ss**.
- [ ] O **ss** entre vogais representa o mesmo som que a letra **s** em início de palavra.
- [ ] A letra **s** nas palavras **sabão** e **passeio** representa sons diferentes.
- [ ] Nunca se usa **ss** em início de palavra.

Como você viu, a letra **s** no início de palavra e o **ss** entre vogais representam o mesmo som.

Adilson Farias/Arquivo da editora

SAPO

PÁ**SS**ARO

LEITURA 2

O que você faria se tivesse um animal de estimação e ele desaparecesse da sua casa?

Com um colega, faça a leitura do cartaz abaixo.

Anjoirina/Shutterstock/Glow Images

Você já viu algum cartaz parecido com esse? Onde?

Você sabe por quais motivos as pessoas utilizam cartazes?

ATIVIDADES

1 Quem escreveu o cartaz?

____

2 Por que esse cartaz foi feito?

____

3 Em sua opinião, onde esse cartaz poderia estar colado? Por quê? Converse com seus colegas e depois escreva a resposta.

____

____

____

4 Em sua opinião, as informações apresentadas no cartaz são suficientes para que alguém identifique e encontre o cachorro? Explique.

____

____

5 Marque um **X** nas informações que constam no cartaz.

- [ ] A foto do cachorro.
- [ ] O endereço de Juliana.
- [ ] As características do cachorro.
- [ ] A idade de Juliana.
- [ ] Como entrar em contato com Juliana.

Adilson Farias/Arquivo da editora

MERGULHO NA ESCRITA GRAMÁTICA

Adjetivo

1 Releia o cartaz que Juliana escreveu e responda:

a) Quais foram as características que Juliana deu ao seu cachorro?

____

____

____

b) Juliana descreve somente características físicas do cachorro? Ou descreve só características da personalidade dele? Explique.

____

____

____

2 Observe a foto deste outro cachorro e escreva três características dele.

Micimakin/Shutterstock/Glow Images

____

____

____

____

____

____

____

____

____

3 Agora, escreva quatro características que você tem.

____

____

____

____

As palavras que indicam características dos substantivos são chamadas de **adjetivos**. Por exemplo:

Adilson Farias/Arquivo da editora

Cachorro **marrom**

Menina **carinhosa**

As palavras **marrom** e **carinhosa** são adjetivos, pois indicam características dos substantivos **cachorro** e **menina**.

4 Complete as frases com os adjetivos do quadro.

trabalhadora	feios	carinhoso	triste	bonitos

- Veja o exemplo.

a) Cachorro que obedece é **obediente**.

b) Formiga que trabalha é ____________________.

c) O cachorro de Juliana gosta de fazer carinho. Ele é ______________.

d) A menina sentiu tristeza quando seu cachorro sumiu. Ela ficou

____________________.

e) Na opinião da coruja, os filhos dela não são ____________________;

eles são ____________________.

MEUS TEXTOS

Cartaz

Você e seus colegas vão organizar uma feira para troca de livros. Em um dia e local combinados, cada um trará de casa os livros que não quer mais e procurará trocá-los com outros colegas por livros de seu interesse.

Para divulgar a feira para os alunos de outras turmas, vocês vão se reunir em grupos e fazer cartazes.

Sigam as etapas abaixo.

Planejamento

1 Combinem com a classe como será a feira de troca de livros:

- Em qual data ocorrerá? (Se preferirem, a feira poderá acontecer em mais de um dia.)
- Onde será?
- A que horas vai começar?
- Quais serão as regras da feira?

2 Discuta com o seu grupo como será o cartaz:

- Qual título terá?
- O que será escrito no cartaz para convidar os alunos a participar da feira?
- O cartaz terá imagens?

Rascunho

3 Façam um rascunho do cartaz em uma folha à parte, colocando todas as informações que considerarem importantes.

Revisão

4 Avaliem o rascunho que vocês fizeram e completem o quadro.

	Sim	Preciso fazer/refazer
O título do cartaz é chamativo?		
Tem imagens e cores diferentes?		
Há a indicação do dia, da hora e do local da feira?		
A letra está legível?		

5 Em uma cartolina, façam a versão final do cartaz.

Meu texto

Compartilhem a sua produção final com os outros grupos e pensem em que locais os cartazes serão colados.

Bruno Nunes/Arquivo da editora

ATIVIDADES DO CAPÍTULO

1. Neste capítulo, você aprendeu que os ditados populares apresentam um ensinamento ou um conselho. Assinale com um **X** as frases que são ditados populares.

- [ ] Antes só do que mal acompanhado.
- [ ] Ele está com a pulga atrás da orelha.
- [ ] Em boca fechada não entra mosca.
- [ ] O rato roeu a roupa do rei de Roma.

2. Complete as frases com um dos adjetivos entre parênteses.

a) Toy é um cachorro que gosta de brincar. Ele é um cachorrinho

__________________. (triste/brincalhão)

b) O palhaço Leco faz o público gargalhar. Ele é um palhaço

__________________. (engraçado/bravo)

c) A lona do circo tem várias cores. Ela é ______________. (branca/colorida)

3. Observe as palavras abaixo. Você já conseguiu descobrir quais são elas?

_____emente	_____ereia	a_____ombrado
a_____obio	o_____o	_____ilêncio
a_____inatura	_____aia	a_____adeira

a) Para confirmar suas hipóteses, complete as palavras com **s** ou **ss** e copie-as no caderno.

b) Agora, complete o ditado popular a seguir com uma das palavras acima. Depois, converse com os colegas sobre esse ditado.

- A palavra vale prata, o ______________ vale ouro.

4. Leia o cartaz e circule os adjetivos.

ElaValo/Shutterstock/Glow Images

5. Assinale com um **X** as informações que constam no cartaz.

- [ ] O nome do circo.
- [ ] O nome do palhaço e do mágico.
- [ ] O mês em que acontecerão os espetáculos.
- [ ] O horário dos espetáculos.
- [ ] O local dos espetáculos.
- [ ] O valor do ingresso.

LEITURA DE IMAGEM

Respeito aos animais

Você sabia que para ter em casa um animal silvestre, como macacos, papagaios ou jabutis, é necessário obter uma autorização? Há uma lei que proíbe a retirada desses animais dos ambientes naturais em que eles vivem. Você concorda com essa lei?

Observe

Palê Zuppani/Pulsar Imagens

Periquitos voando livres, em Miranda (MS), 2010.

Bob Wolfenson/Acervo do artista

Pássaros presos em gaiolas, apreendidos em Juquitiba (SP), 2010.

Analise

1. Compare as duas imagens para responder às questões a seguir.

a) Além dos pássaros, o que mais você vê em cada imagem?

____

____

b) As duas imagens mostram pássaros em seu ambiente natural?

____

c) O que os pássaros estão fazendo em cada uma das fotos?

____

____

Relacione

2. Em sua opinião, em qual imagem os pássaros estão mais felizes? Por quê?

____

____

____

3. Por que os pássaros da segunda imagem foram aprisionados em gaiolas? Discuta com seus colegas.

4. Você acha correto tirar os animais da natureza para colocá-los em gaiolas? Por quê?

____

____

____

CAPÍTULO

12 OS BICHOS VÃO À FESTA

LEITURA 1

Você já ouviu falar em literatura de cordel?

Observe a fotografia abaixo: o que você vê? Será que algum elemento presente nesta imagem tem relação com o nome desse tipo de poesia? Por quê?

J. L. Bulcão/Pulsar Imagens

Com um colega, faça a leitura da primeira parte de um cordel.

A festa da galinha

Esta história engraçada
Eu vou contar pra vocês
Aconteceu numa festa
De uma galinha pedrês
Que queria festejar
O aniversário que fez

Convidou a bicharada
De todo lugar pra festa
Os bichos domesticados,
Os animais da floresta
Pois festa desanimada
Esta galinha detesta

Convidou o elefante,
O galinho garnisé,
O papagaio, a formiga,
Periquito, chimpanzé,
Camelo, cachorro, cabra,
Abelha, pato, guiné

Bruno Nunes/Arquivo da editora

garnisé: tipo de galo ou galinha muito pequeno.
guiné: galinha-d'angola.
pedrês: pintada de preto e branco.

Tigre, bode, boi, cavalo,
Raposa, gato, faisão,
Marreco, ganso, avestruz,
Cobra jiboia, leão,
Pomba, jumento, codorna,
Juriti, pulga, pavão

juriti: ave parecida com a pomba.

Urso-polar, capivara,
Leopardo, onça, carneiro,
Crocodilo, urubu-rei,
Sagui, veado-galheiro,
Pois nesta festa se via
Animais do mundo inteiro

Para cada convidado
Esta galinha entregou
Um regulamento que
Ela mesma preparou
Pra não haver confusão
Muito claro ela deixou:

“Abelha, pulga, formiga
Não poderiam picar
A nenhum dos animais
Que se encontrassem lá
E a jiboia nada de
Nenhum bichinho abraçar”

“O leão, o crocodilo,
O tigre, a onça e os demais
Que gostam de carne fresca
Nada desses animais
Que ali foram convidados
Para a festa e nada mais”

Com este regulamento
Para a casa da galinha
Foram os bichos chamados
Domingo de manhãzinha
E ao nascer do sol
Se via bicho que vinha

Bruno Nunes/Arquivo da editora

[...]

Esse texto faz parte do livreto **A festa da galinha**, de Abdias Campos. 3. ed. Recife: Folhetaria Campos de Versos, 2011. p. 1-3. (Cordel infantil).

Reprodução/Folhetaria Campos de Versos/Abdias Campos

ATIVIDADES

1 Observando a fotografia que está antes do texto, você conclui que o cordel é:

- [ ] um livro-folheto.
- [ ] um livro grande com muitas histórias.

2 Numere os acontecimentos de acordo com a ordem em que aparecem no texto.

- [ ] Os bichos chegaram à casa da galinha domingo de manhã.
- [ ] Os bichos domesticados e os animais da floresta foram convidados para a festa da galinha.
- [ ] A galinha resolveu fazer uma festa para comemorar o aniversário dela.
- [ ] Cada convidado recebeu um regulamento que a galinha preparou.

3 O cordel é um poema narrativo organizado em versos e estrofes.

a) Escreva quantas estrofes há nesse trecho do cordel.

____

b) Quantos versos há em cada estrofe?

____

Adilson Farias/ Arquivo da editora

4 Complete a estrofe com as palavras do quadro de acordo com o texto lido. Preste atenção às rimas.

animais	picar	abraçar	jiboia

"Abelha, pulga, formiga
Não poderiam ______________
A nenhum dos ______________
Que se encontrassem lá
E a ______________ nada de
Nenhum bichinho ______________"

5 Em sua opinião, por que a galinha fez esse regulamento para seus convidados?

6 Observe as figuras e encontre no quadro o nome dos cinco animais.

F	M	L	E	L	E	F	A	N	T	E	E	I	R	O
O	L	R	F	L	O	M	U	R	I	T	I	C	L	U
R	B	E	V	A	N	L	X	M	P	A	D	A	C	O
M	C	A	P	I	V	A	R	A	U	M	B	M	X	E
I	N	C	E	L	A	N	L	O	H	B	C	E	A	G
G	I	T	S	C	H	U	L	U	B	O	T	L	O	I
A	S	D	F	X	C	M	A	R	R	E	C	O	I	N

Dica: Procure os nomes dos animais tanto no sentido vertical como no horizontal.

Adilson Farias/Arquivo da editora

- Considerando o texto lido neste capítulo, o que esses animais têm em comum?

____

MERGULHO NA ESCRITA ORTOGRAFIA

Sons representados pela letra x

1 Releia esta estrofe do cordel.

Para cada convidado
Esta galinha entregou
Um regulamento que
Ela mesma preparou
Pra não haver confusão
Muito claro ela deixou:

a) Circule a palavra que tem a letra **x**. Leia esta palavra em voz alta e preste atenção ao som representado pela letra que você circulou.

b) Assinale a única alternativa em que o **x** está representando o mesmo som da palavra circulada acima.

☐ existir ☐ caixa ☐ próximo

c) Escreva outras palavras em que o **x** tenha esse mesmo som.

____

2 Leia as palavras e observe o som representado pela letra **x**. Depois, pinte os quadrinhos de acordo com a legenda.

(laranja) → o **x** representa o mesmo som que na palavra **rouxinol**
(marrom) → o **x** representa o mesmo som que na palavra **exército**
(verde) → o **x** representa o mesmo som que na palavra **táxi**
(azul) → o **x** representa o mesmo som que na palavra **máximo**
(roxo) → o **x** representa o mesmo som que na palavra **texto**

☐ faixa ☐ excursão ☐ axila ☐ próximo

☐ exame ☐ bruxa ☐ auxílio ☐ explosão

• A letra **x** representa o mesmo som em todas as palavras? Converse com os colegas.

3 Preencha a cruzadinha.

Dica: Todas as palavras são escritas com a letra **x**.

Ilustrações: Adilson Farias/Arquivo da editora

Como você percebeu, a letra **x** representa diferentes sons. Por causa disso, muitas vezes podemos não ter certeza de como escrever algumas palavras. Lembre-se: sempre que tiver dúvidas sobre a escrita de uma palavra, consulte um dicionário.

4 Leia as palavras destacadas nos quadros e observe o som representado pelo **x** em cada uma delas. Depois, faça dupla com um colega e completem cada quadro com outras palavras em que o **x** represente o mesmo som.

xadrez	**existir**	**táxi**

texto	**máximo**

LEITURA 2

O que você acha que aconteceu na festa da galinha?

Será que todos os convidados obedeceram ao regulamento criado por ela?

Leia com um colega a continuação da história.

A festa da galinha

[...]
A primeira convidada
Já estava no terreiro
Quando a galinha desceu
De cima do seu poleiro
Deu de cara com a raposa
Para os parabéns primeiro:

— Parabéns, minha galinha!
A raposa assim falou
A galinha respondeu:
— Minha, nada, por favor!
Respeite o regulamento
Você não leu? Perguntou

E a raposa disse: eu li
Mas você tá tão gordinha,
Bem que podia deixar
Eu dar uma mordidinha!
— Eu vou chamar o cachorro!
Respondeu braba a galinha

Bruno Nunes/Arquivo da editora

— Tá bom, eu só tô brincando,
Nem quer ser minha amiguinha!
Continuou insistindo
Pra convencer a galinha
Mas depois se retirou,
Vendo que o cachorro vinha

O leão desconfiado
A sua juba sacode
Chamando para brincar
De pega-pega com o bode
Mas o bode respondeu
Que nesta festa não pode

— Pode sim, meu bode amigo
Vem aqui brincar mais eu
O bode disse: — eu não vou
E nem sou amigo seu
Se insistir vou chamar
A pulga que lhe mordeu

Começando a se coçar
O leão dali saiu
No meio dos pelos dele
De longe o bode inda viu
Uma pulga se mexendo
Que olhou pro bode e sorriu

A cobra jiboia ia
Se arrastando pelo chão
Andando a festa inteira
Até olhar para o pavão
Dizendo: — vou lhe abraçar
Do fundo do coração

E o pavão disse: — vai não
Nada de estrangulamento
Dentro do seu coração
Hoje só vai entrar vento
Você não pode abraçar
Está no regulamento

Mas quando a festa acabou
Que todo bicho saiu
Só se via correria
Quem pôde logo fugiu
Que o instinto da bicharada
A nada mais resistiu

O crocodilo abriu
Quase um metro de boca
Bem de frente pra o jumento
Que disse: — que coisa louca!
Eu vou embora daqui,
Não vou ficar dando touca!

dando touca: facilitando, descuidando-se.

Bruno Nunes/Arquivo da editora

A galinha ficou rouca
De tanto cacarejar
Com a raposa correndo
Atrás dela pra pegar
Só quando foi pro poleiro
Ela pôde se livrar

Lá vinha o tamanduá
Pra cheirar a formiguinha
Do alto do seu poleiro
Batendo papo a galinha
Pedia calma pra turma
Enquanto a noite não vinha

Bruno Nunes/Arquivo da editora

Isto é que dá fazer festa
Numa mesma ocasião
Pra diferentes instintos
Que não conseguem união
Que não podem estar juntos
Em uma reunião

Pois, cada qual com o seu par
Para que haja harmonia
Cada um em sua tribo
Para que tenha alegria
De se confraternizar
Numa mesma sintonia.

Esse texto faz parte do livreto **A festa da galinha**, de Abdias Campos. 3. ed. Recife: Folhetaria Campos de Versos, 2011. p. 4-8. (Cordel infantil).

Reprodução/Folhetaria Campos de Versos/Abdias Campos

ATIVIDADES

1 Observe novamente os versos do cordel que estão entre as páginas 224 e 227. Pinte as palavras que rimam.

2 Veja a capa do livreto de cordel que você leu.

Adilson Farias/Arquivo da editora

Reprodução/Folhetaria Campos de Versos/Abdias Campos

• O que a capa mostra? Converse com os colegas.

3 Por que a raposa disse "Parabéns, minha galinha"? E por que a galinha respondeu "Minha, nada, por favor!"?

4 Escreva ao lado de cada fala o nome do animal que a disse.

Eu vou chamar o cachorro!	______________________
— Pode sim, meu bode amigo Vem aqui brincar mais eu	______________________
[...] — que coisa louca! Eu vou embora daqui, Não vou ficar dando touca!	______________________

5 Os convidados obedeceram ao regulamento que a galinha criou? Por quê?

____

____

____

____

6 No cordel, o ritmo se repete ao longo de toda a história. Ouça a leitura do professor e converse com os colegas que marcas do ritmo você percebeu ao ouvir a recitação.

Adilson Farias/Arquivo da editora

MERGULHO NA ESCRITA GRAMÁTICA

Frase

1 Pinte os quadrinhos de acordo com as cores indicadas.

Bruno Nunes/Arquivo da editora

- letra
- palavra
- frase

☐ m

☐ raposa

☐ A galinha ficou rouca.

Frase é uma palavra ou um conjunto organizado de palavras que transmite uma ideia. A frase escrita sempre começa com letra maiúscula e termina com um sinal de pontuação, por exemplo: ponto-final, ponto de interrogação ou ponto de exclamação.

2 Marque com um **X** os grupos de palavras que **não formam** frases.

☐ Zoológico animal zebra

☐ espero sala de jantar noite?

☐ Cuidado com o cachorro!

☐ Alguém viu uma abelha?

- Forme frases com os grupos de palavras que você assinalou.

____

____

____

____

3 Ordene as palavras para formar frases. Não se esqueça de colocar o sinal de pontuação no final de cada frase.

a) Ontem casa à vovó fomos da

____

b) festa galinha da animada foi A

____

c) Quem mochila minha viu

____

d) obrigado Muito

____

4 Leia as frases.

Atenção!	Alô!	Vamos passear?

- Observe as ilustrações abaixo e copie no balão de fala a frase que transmite a ideia correta.

MEUS TEXTOS

Varal de cordéis

Você viu que o cordel conta histórias usando versos. Você vai formar uma dupla com um colega e juntos vão criar duas estrofes de cordel. Depois, vocês vão juntar os textos criados e expô-los em um varal para que todos possam ler.

Planejamento

1 Para criar as estrofes, pensem nas seguintes questões:

- Que assunto vocês vão abordar nas estrofes?
- Quais serão os personagens?
- Qual título vocês escolherão?

Fabiana Salomão/ Arquivo da editora

[1]

[2]

[3]

Rascunho

2 Criem as estrofes tentando deixar o texto engraçado.

Revisão

3 Avaliem o rascunho que vocês fizeram e vejam se ainda falta alguma coisa.

	Sim	Preciso fazer/refazer
Há personagens no texto?		
O título é atraente?		
Há rimas nas estrofes?		

4 Em uma folha à parte, elaborem a versão final do texto.

- Ilustrem o texto com um desenho bem bonito.
- Não se esqueçam de escrever o nome de vocês no final.

Meu texto

Compartilhem a produção de vocês com os outros colegas. Vocês podem organizar um **Varal de poesia** na sala de aula ou no pátio da escola e pendurar os versos de todos os alunos.

[4] [5] [6] [7]

Fabiana Salomão/Arquivo da editora

Fotos: 1. Folhetaria Campos de Versos/Ana Raquel Campos; 2. Folhetaria Campos de Versos/Abdias Campos; 3. Folhetaria Campos de Versos/Abdias Campos; 4. Folhetaria Campos de Versos/Ana Raquel Campos; 5. Folhetaria Campos de Versos/Ana Raquel Campos/Dila; 6. Folhetaria Campos de Versos/Ana Raquel Campos; 7. Folhetaria Campos de Versos/Abdias Campos.

ATIVIDADES DO CAPÍTULO

1. Ajude os animais a chegar à festa da galinha.

- Copie as palavras do caminho que leva os animais à festa da galinha.

____

____

a) A letra **x** nessas palavras representa o mesmo som?

____

b) Escolha duas palavras e forme uma frase.

____

____

2. Coloque em ordem as palavras dos balões e forme frases.

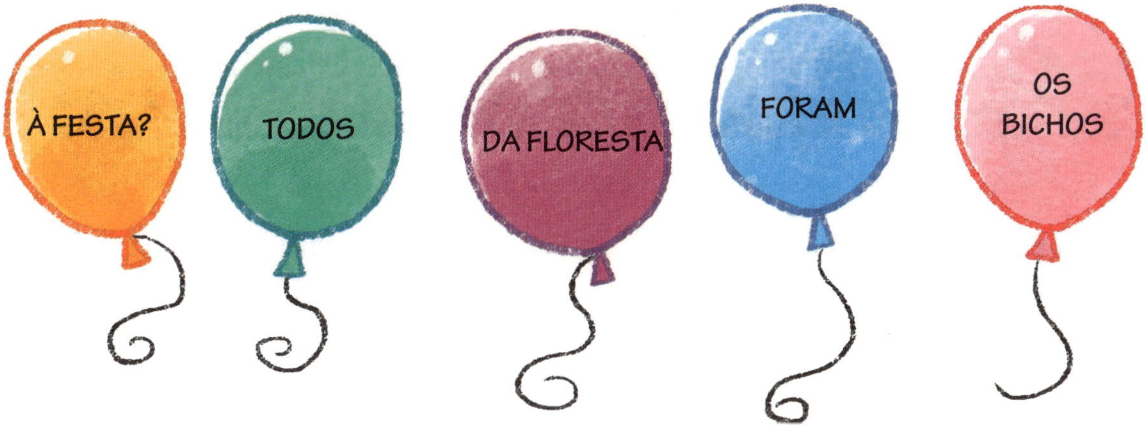

Ilustrações: Adilson Farias/Arquivo da editora

O QUE APRENDI?

Ilustração: Felipe Prado; foto: Carlos Caetano/Shutterstock

1. Os animais dessa cena já apareceram nas histórias desta Unidade. Quais deles apareceram nas fábulas? E no cartaz? E no cordel?

2. Qual das histórias lidas em um dos capítulos desta Unidade poderia ser ilustrada por essa cena? Por quê?

3. Siga a legenda para pintar os quadrinhos com as características das histórias das quais os animais fazem parte.

cordel — fábula

☐ História na qual os animais realizam ações humanas e que apresenta uma moral ao final.

☐ História escrita em versos, com rimas, impressa em livro-folheto.

4. Repare que há um cachorro perdido na floresta. Se alguém quisesse encontrar o cachorro, deveria escrever:

☐ um cartaz. ☐ uma fábula. ☐ um cordel.

5. Além da faixa de boas-vindas, há um cartaz na cena. O texto desse cartaz é:

☐ uma estrofe. ☐ um título. ☐ um ditado popular.

6. Observe as palavras do quadro abaixo:

queixo	excelente	axila	exagerado
bruxa	aproximar	oxigênio	
exame	auxílio	explorar	

- Distribua-as nas colunas abaixo, agrupando as palavras em que a letra **x** seja pronunciada da mesma maneira.

rouxinol	exército	táxi

texto	máximo

MINHA COLEÇÃO DE PALAVRAS

Escreva com suas palavras o que você entende por:

- Moral da história:

____

____

- Adjetivo:

____

PARA SABER MAIS

LIVROS

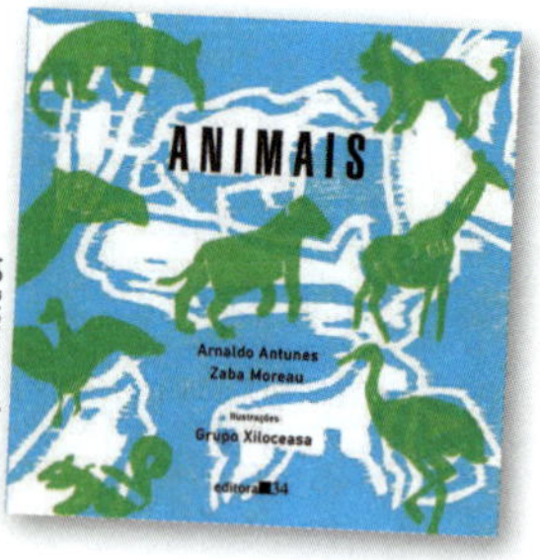

Reprodução/Editora 34

Animais, de Arnaldo Antunes e Zaba Moreau. São Paulo: Editora 34.
Neste livro de micropoemas, os autores criaram um zoológico de criaturas muito especiais. A cada página há uma palavra inventada que tem vários significados.

Reprodução/Editora Ática

Menina bonita do laço de fita, de Ana Maria Machado.
São Paulo: Ática.
Este livro apresenta a história de uma linda menina de fita no cabelo que desperta a admiração de um coelho branco, que deseja ter uma filha da mesma cor que ela. Mas antes precisa descobrir o segredo de como ter a mesma cor da pele da menina.

Reprodução/Editora Leya

O livro dos trava-línguas, de António Mota. São Paulo: LeYa.
Por meio da relação entre homens e bichos, este livro apresenta vários jogos de palavras. O desafio aqui é falar os trava-línguas o mais depressa que puder, e sem errar.

Reprodução/Editora Moderna

Rimas animais, de César Obeid. São Paulo: Moderna.
Este cordel é indicado para todos aqueles que, assim como o autor, adoram animais e desejam saber mais sobre eles.

Reprodução/Editora Moderna

Salada, saladinha, de Maria José Nóbrega e Rosane Pamplona. São Paulo: Moderna.
Este livro reúne parlendas e outros textos divertidos que fazem parte da nossa cultura popular.

Reprodução/Editora Cosac Naify

Sombra, de Suzy Lee. São Paulo: Cosac Naify.
A personagem deste livro brinca de observar a própria sombra e a sombra dos objetos ao redor. Ela descobre que misturar imaginação e realidade pode ser uma brincadeira muito divertida.

VÍDEOS

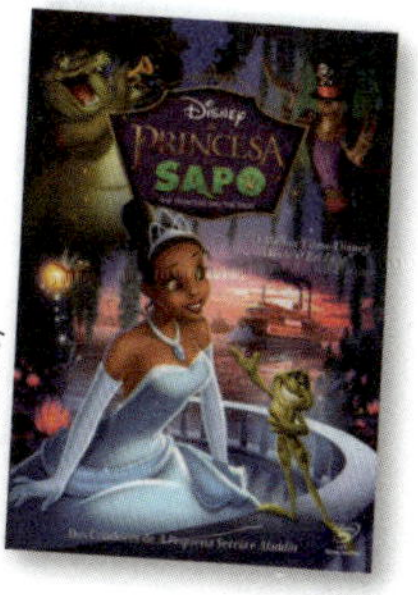

Reprodução/Disney

A princesa e o sapo, Ron Clements e John Musker (Dir.). Estados Unidos: Walt Disney, 2009. Duração: 89 minutos.
Tiana é uma talentosa cozinheira que sonha em abrir um restaurante. Em busca do seu sonho, a jovem sela um acordo com um príncipe sapo e acaba vivendo uma grande aventura.

Adriana Partimpim: o *show*. Brasil: Sony Music, 2005.
Adriana Partimpim era o nome que Adriana Calcanhoto usava para se apresentar quando criança. Neste *show*, que inclui as músicas "Saiba" e "Fico assim sem você", a cantora assume a personalidade de Adriana Partimpim e surpreende crianças e adultos.

Reprodução/Sony Music

QUADRINHOS

Reprodução/Editora Companhia das Letrinhas

Joca e a caixa, de Art Spiegelman. São Paulo: Companhia das Letrinhas.
Joca é um coelhinho que ganhou de seus pais um brinquedo muito intrigante: uma caixa! Cada nova brincadeira é sempre uma grande surpresa!

Os coelhos tapados vão ao zoológico, de Dav Pilkey. São Paulo: Cosac Naify.
Atendendo a pedidos do bebê, a família dos coelhos tapados decide fazer um passeio pelo jardim zoológico. A fuga de uma espécie "perigosa" garante a diversão dos personagens e a do jovem leitor.

Reprodução/Editora Cosac Naify

SITES

Reprodução/<http://cmais.com.br/maiscrianca>

Infantis TV Cultura
<http://cmais.com.br/maiscrianca>. Acesso em: 26 nov. 2015.
Este *site* disponibiliza atividades e jogos educativos variados, divertidos e voltados para o universo das crianças.

Revista *Recreio*
<http://recreio.uol.com.br/>. Acesso em: 26 nov. 2015.
No *site* da revista *Recreio* há curiosidades, jogos e piadas, além de reportagens especiais e diversas notícias.

<http://recreio.uol.com.br/>/Acervo da editora

BIBLIOGRAFIA

BAKHTIN, M. Os gêneros do discurso. In: *Estética da criação verbal*. São Paulo: Martins Fontes, 1992.

_________; VOLOCHÍNOV, V. N. *Marxismo e filosofia da linguagem*. São Paulo: Hucitec, 1995.

BEAUCHAMP, J.; PAGEL, S. D.; NASCIMENTO, A. R. do. *Ensino Fundamental de nove anos:* orientações para a inclusão da criança de seis anos de idade. Brasília: MEC/SEB, 2007.

BECHARA, E. *Moderna gramática portuguesa*. Ed. rev., ampl. e atual. conforme o novo Acordo Ortográfico. Rio de Janeiro: Nova Fronteira, 2009.

BRASIL. Ministério da Educação. Secretaria de Educação Básica. Instituto Nacional de Estudos e Pesquisas Educacionais. *Plano de Desenvolvimento da Educação:* Prova Brasil: Ensino Fundamental: Matrizes de referência, tópicos e descritores. Brasília, 2008.

_________. Ministério da Educação. Secretaria de Educação Básica. *Pró-Letramento:* Programa de Formação Continuada de Professores dos anos/séries iniciais do Ensino Fundamental: Alfabetização e Linguagem. Ed. rev. e ampl. Brasília, 2008.

_________. Ministério da Educação. Secretaria de Educação Fundamental. *Parâmetros Curriculares Nacionais (1ª a 4ª séries):* Língua Portuguesa. Brasília, 1997.

CAGLIARI, L. C. *Alfabetizando sem o bá-bé-bi-bo-bu*. São Paulo: Scipione, 2009.

FERREIRO, E. et al. *Relações de (in)dependência entre oralidade e escrita*. Tradução de Ernani Rosa. Porto Alegre: Artmed, 2003.

_________. *Reflexões sobre alfabetização*. São Paulo: Cortez, 1985.

_________; TEBEROSKY, A. *Psicogênese da língua escrita*. Porto Alegre: Artmed, 1999.

FRANCHI, E. *Pedagogia do alfabetizar letrando:* da oralidade à escrita. São Paulo: Cortez, 2012.

FREIRE, P. *A pedagogia do oprimido*. Rio de Janeiro: Paz e Terra, 1978.

KATO, M. (Org.). *A concepção da escrita pela criança*. Campinas: Pontes, 1988.

KLEIMAN, A. B. *Oficina de leitura*. Campinas: Pontes/Unicamp, 1993.

_________. *Texto e leitor*. Campinas: Pontes/Unicamp, 1989.

KOCH, I. V.; ELIAS, V. M. *Ler e compreender:* os sentidos do texto. São Paulo: Contexto, 2006.

MARZANO, R. J.; PICKERING, D. J. *Building Academic Vocabulary:* Teacher's Manual. Virginia: Association for Supervision and Curriculum Development, 2005.

MORTATTI, M. R. L. *Alfabetização no Brasil:* uma história de sua história. Marília: Cultura Acadêmica, 2011.

RANGEL, E. de O.; BAGNO, M. *Dicionários em sala de aula*. Brasília: MEC/SEB, 2006.

ROJO, R. (Org.). *A prática da linguagem em sala de aula*. São Paulo: Educ; Campinas: Mercado de Letras, 2000.

SCHNEUWLY, B.; DOLZ, J. et al. *Gêneros orais e escritos na escola*. Tradução e organização de Roxane Rojo e Glaís Sales Cordeiro. Campinas: Mercado de Letras, 2004.

SILVEIRA, R. C. P. *Uma pronúncia do português brasileiro*. São Paulo: Cortez, 2008.

SOARES, Magda. *Alfabetização e letramento:* caminhos e descaminhos. Disponível em: <http://pt.scribd.com/doc/18892732/Artigo-Alfabetizacao-e-Letramento-Magda-Soares1>. Acesso em: 19 jan. 2016.

SOLÉ, I. *Estratégias de leitura*. Porto Alegre: Artmed, 1998.

TEBEROSKY, A. *Aprendendo a escrever*. São Paulo: Ática, 1994.

_________; TOLCHINSKY, L. *Além da alfabetização*. São Paulo: Ática, 1995.

VYGOTSKY, L. S. *Pensamento e linguagem*. São Paulo: Martins Fontes, 2003.

Projeto
LUMIRÁ

LÍNGUA PORTUGUESA 2

CADERNO DE ATIVIDADES

ALUNO: ....

ESCOLA: ....

editora ática

SUMÁRIO

Páginas 16-17 e 22-25 do livro

ALFABETO E ORDEM ALFABÉTICA/ TIPOS DE LETRAS

1 CIRCULE A LETRA INICIAL DO NOME DE CADA FRUTA.

AS IMAGENS NÃO ESTÃO REPRESENTADAS EM TAMANHO PROPORCIONAL ENTRE SI.

Alfredo Franco/ Arquivo da editora

JABUTICABA

Maryna Pleshkun/ Shutterstock

MELANCIA

Lim Yong H an/ Shutterstock

GOIABA

Valentyn Volkov/ Shutterstock

MORANGO

- AGORA ESCREVA OS NOMES DAS FRUTAS EM ORDEM ALFABÉTICA.

____

____

2 COMPLETE OS QUADROS COM AS LETRAS QUE, DE ACORDO COM A ORDEM ALFABÉTICA, VÊM ANTES E DEPOIS DA LETRA EM DESTAQUE.

	C	
	G	
	J	
	M	
	P	
	U	

3 LIGUE CADA BRINQUEDO AO NOME DELE.

Oez/Shutterstock

Leo Burgos/Acervo do fotógrafo

pipa

CARRINHO

PIPA

carrinho

ATENÇÃO!
O NOME DE CADA BRINQUEDO APARECE ESCRITO DE **DUAS** FORMAS DIFERENTES: COM LETRA DE IMPRENSA E COM LETRA CURSIVA.

Páginas 36-37 do livro

VOGAIS E CONSOANTES

1 ESCREVA O NOME DA SUA COMIDA FAVORITA NO QUADRO ABAIXO. NÃO VALE NOME DE COMIDA ESCRITO EM OUTRO IDIOMA, COMO *CUPCAKE* OU *STRUDEL*!

A) QUANTAS LETRAS TEM O NOME QUE VOCÊ ESCREVEU?

B) AGORA PINTE DE [verde] AS VOGAIS E DE [vermelho] AS CONSOANTES.

C) O NOME DA SUA COMIDA FAVORITA TEM:

- QUANTAS VOGAIS? ______
- QUANTAS CONSOANTES? ______

2 COMPLETE A CRUZADINHA COM AS VOGAIS E AS CONSOANTES QUE FALTAM E DESCUBRA OS INGREDIENTES PARA PREPARAR UM DELICIOSO BOLO.

								F				
								E				
				O		F	A		I	N	H	A
								M				
C	H		C	O		A	T			L		
								N				
					M		N	T	E		G	A
								O		T		
										E		

Cláudio Chiyo/ Arquivo da editora

ESPAÇO ENTRE AS PALAVRAS

1 QUANTAS PALAVRAS HÁ EM CADA FRASE? ESCREVA NOS QUADRINHOS.

☐ O CACHORRO É UM ANIMAL MUITO ESPERTO.

☐ EU NÃO SEI.

☐ ADORO COMER DOCES DE SOBREMESA.

☐ NÃO QUERO DORMIR AGORA.

☐ NINGUÉM GOSTA DE TOMAR UM SUSTO.

2 REESCREVA AS FRASES ABAIXO DEIXANDO ESPAÇO ENTRE AS PALAVRAS.

A) COMOVAIVOCÊ?

____

B) ELENÃOGOSTADEABACATE.

____

C) ATÉOPRÓXIMOENCONTRO!

____

3 ESCREVA UMA FRASE SOBRE A ESCOLA COM:

A) 4 PALAVRAS.

____

____

B) 6 PALAVRAS.

____

____

Páginas 56-57 e 62-63 do livro

LETRAS **F** E **V**/ LETRAS **D** E **T**

AS IMAGENS NÃO ESTÃO REPRESENTADAS EM TAMANHO PROPORCIONAL ENTRE SI.

1 COMPLETE O NOME DOS ANIMAIS COM **F** OU **V**.

Bjorn Stefanson/Shutterstock

______OCA

Matt Gibson/Shutterstock

______EADO

Olga_i/Shutterstock

CA______ALO

Wiratchai wansamngam/Shutterstock

______ORMIGA

Paulinux/Shutterstock

______ACA

Tony Moran/Shutterstock

______ALCÃO

John Carnemolla/Shutterstock

A______ESTRUZ

Vadim Petrakov/Shutterstock

ELE______ANTE

2 TROQUE A LETRA **D** PELA LETRA **T** E DESCUBRA OUTRAS PALAVRAS.

QUADRO ________________ NADA ________________

DADO ________________ GADO ________________

3 ORGANIZE AS SÍLABAS DE CADA QUADRINHO E ESCREVA A PALAVRA FORMADA.

DO | RA | ÇU ________________

LA | TA | BE ________________

TA | FI ________________

LA | VE ________________

TE | DEN ________________

REI | FE | VE | RO ________________

Páginas 76-77 do livro

Letras p e b

1 Reescreva as palavras destacadas abaixo trocando a letra **b** pela letra **p**.

a) **bingo** não é ______________________

b) **bomba** não é ______________________

c) **bar** não é ______________________

d) **bico** não é ______________________

e) **bode** não é ______________________

f) **basta** não é ______________________

g) **bote** não é ______________________

h) **banda** não é ______________________

2 Complete as palavras com **p** ou **b**.

_____eleza

_____ilha

_____anana

_____e_____ê

_____ola

_____icicleta

_____irulito

tam_____a

_____e_____ino

_____eixe

lim_____eza

_____a_____elaria

3 Encontre no quadro cinco palavras com a letra **p** e cinco com a letra **b**.

B	A	L	E	I	A	H	P	I	Ã	O	T	Q	L
A	S	C	F	H	I	O	R	E	G	B	X	A	Â
B	O	N	E	C	A	K	O	S	A	P	O	W	M
N	M	J	G	E	A	P	I	T	O	C	S	D	P
Z	C	V	D	S	W	A	Q	R	B	O	D	E	A
A	B	Ó	B	O	R	A	L	H	Y	T	F	V	D
H	G	F	E	Z	T	Y	C	A	B	E	L	O	A
P	A	L	H	A	Ç	O	B	V	C	D	Q	W	E

Páginas 84-85 do livro

Substantivo

1 Leia esta cantiga.

AS FLORES JÁ NÃO CRESCEM MAIS,
ATÉ O ALECRIM MURCHOU,
O SAPO SE MANDOU,
O JACARÉ MORREU,
PORQUE O RIBEIRÃO SECOU!

DOMÍNIO PÚBLICO.

- Circule os substantivos que aparecem na cantiga e use-os para completar as frases abaixo.

a) Nosso jardim está cheio de ______________________!

b) Meu pai usa ______________________ como tempero.

c) Ontem vimos um ______________________ pulando no brejo.

d) Meu irmão viu um ______________________ nadando no ______________________.

2 Leia as palavras do quadro a seguir e circule apenas os substantivos.

quem	Bianca	maçã	Lucas	comprar	rato	piano
divertido	pular	Gabriela	elefante	banana		
gaita	você	macaco	flauta	framboesa	hoje	

- Complete as colunas abaixo com as palavras que você circulou.

Nomes de pessoas	Nomes de frutas	Nomes de animais	Nomes de instrumentos musicais
______________	______________	______________	______________
______________	______________	______________	______________
______________	______________	______________	______________

Páginas 94-95 do livro

Substantivo: próprio e comum/ Letra maiúscula

1 Escreva **C** para os substantivos comuns e **P** para os substantivos próprios.

☐ Gabriel	☐ menino	☐ Japão
☐ cidade	☐ Rio de Janeiro	☐ país

- Por que apenas algumas palavras foram escritas com letra inicial maiúscula?

____

____

____

2 Observe as imagens abaixo e escreva um substantivo comum e um substantivo próprio para cada uma delas.

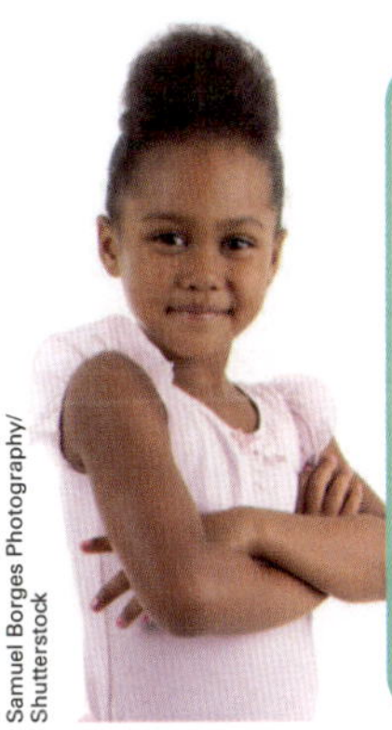

Samuel Borges Photography/ Shutterstock

____

____

____

____

Africa Studio/Shutterstock

____

____

____

____

Volodymyr Krasyuk/Shutterstock

____

____

____

____

Bream_Chub/Shutterstock

____

____

____

____

Páginas 98-99 do livro

Letra g e sílabas gue/gui

1 Observe os códigos a seguir.

✖ → ga ▲ → gue ♥ → gui ◆ → go ✿ → gu

- Agora decifre e reescreva as palavras abaixo, substituindo o código pela sílaba correspondente.

✖linha	pre♥ça	lu✖r
can✿ru	or✿lho	fo▲te
umbi◆	san▲	♥tarra

2 Assinale com um **X** os quadrinhos em que a letra **g** representa o mesmo som que as sílabas **gue/gui**.

☐ águia - garrafa

☐ seguir - gelatina

☐ guerra - girafa

☐ mangueira - goiaba

3 A letra **g** pode representar o mesmo som que as sílabas **gue/gui** quando:

☐ vem seguida das vogais **e**, **i**.

☐ vem seguida das vogais **a**, **o**, **u**.

Páginas 110-111 do livro

Letra c e sílabas **que/qui**

1 Complete as palavras com **c** ou **qu**.

pi_____eni_____e	_____anela	_____ue_____a
_____olorido	_____intal	_____eimada
má_____ina	a_____ele	_____oelho
_____eijo	_____amisa	ó_____ulos

2 A letra **c** pode representar o mesmo som que as sílabas **que/qui** quando:

☐ vem seguida das vogais **e**, **i**.

☐ vem seguida das vogais **a**, **o**, **u**.

3 Encontre no quadro dez palavras com **c** ou com as sílabas **que/qui**.

A	N	B	Y	Q	A	O	B	Y	C	P	D	U	Q	U	E	S	A	E	A
D	P	D	G	U	E	V	U	D	U	B	T	A	S	I	V	O	Q	B	Y
Q	U	E	R	I	D	O	N	I	R	S	P	W	A	E	U	A	R	F	P
T	V	S	F	A	Y	W	H	N	A	V	A	K	R	I	F	M	H	W	Q
A	I	U	R	B	P	O	A	S	T	O	U	Q	B	E	R	H	L	D	A
G	N	B	S	O	F	V	Y	Q	I	A	S	C	O	U	V	E	E	R	V
U	A	B	A	C	A	T	E	I	V	R	U	S	P	S	B	R	Q	O	N
W	Y	V	B	P	H	A	P	N	O	S	T	N	A	E	R	W	U	A	Q
E	M	A	O	F	I	H	Q	U	I	L	O	Q	V	O	S	K	E	E	V
C	A	B	E	L	O	E	W	S	M	D	B	T	P	T	A	F	Y	U	M
A	G	D	U	P	M	H	Y	A	S	I	R	U	H	C	O	M	I	D	A
A	Y	H	L	M	O	P	L	R	Q	T	G	I	R	Q	K	N	W	H	P

Páginas 116-117 do livro

Substantivo: masculino e feminino

1 Escreva **o** ou **a** para cada uma das palavras abaixo.

_____ livro _____ palco _____ cantiga

_____ ingresso _____ banda _____ música

_____ resenha _____ biografia _____ público

2 Complete as colunas com as palavras da atividade anterior.

Substantivos masculinos	Substantivos femininos

3 Escreva **M** para os substantivos masculinos e **F** para os substantivos femininos.

☐ mãos ☐ pés

☐ joelho ☐ dedos

☐ barriga ☐ cabeça

☐ braços ☐ pernas

4 Escreva a forma feminina dos substantivos masculinos abaixo.

a) cantor _____ c) cozinheiro _____

b) ator _____ d) príncipe _____

Páginas 128-129 do livro

Letra h inicial e as letras ch, nh, lh

1 Complete as palavras abaixo com a letra **h** sempre que for necessário.

______arpa ______ema ______incrível

______ino ______elicóptero ______ipnose

______ombro ______orror

2 Retire a letra **h** do meio das sílabas e descubra outras palavras.

lhama ______________ chupim ______________

bicho ______________ telha ______________

cheia ______________ filha ______________

3 Complete a cruzadinha com as palavras do quadro.

5 letras	6 letras	7 letras	8 letras	10 letras
ninho	orelha	coxinha	~~chuveiro~~	hipopótamo
milho			hidrante	
chave				

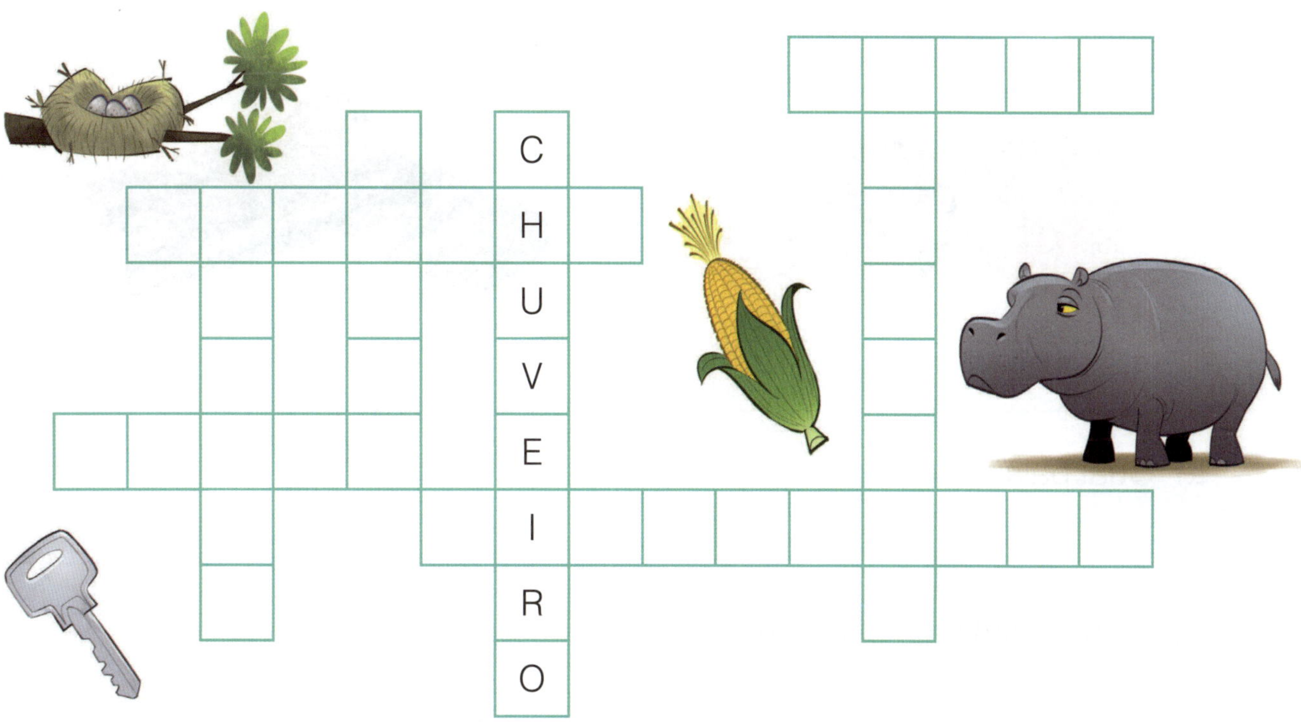

Ilustrações: Cláudio Chiyo/Arquivo da editora

Páginas 134-135 do livro

Sílaba e separação silábica

Separe as sílabas do nome dos alimentos e escreva nos quadrinhos quantas sílabas há em cada um.

AS IMAGENS NÃO ESTÃO REPRESENTADAS EM TAMANHO PROPORCIONAL ENTRE SI.

Boa Forma

Beto Chagas/Shutterstock

Nattika/Shutterstock

Viktar Malyshchyts/Shutterstock

Vinicius Tupinambá/Shutterstock

Olga Popova/Shutterstock

a) Qual palavra tem mais sílabas?

b) E quais têm menos sílabas?

A letra c e o ç

1 Assinale com um **X** as alternativas em que o **c** e o **ç** representam o mesmo som em todas as palavras.

- [ ] cavalo, cera, soluço, coelho
- [ ] maçã, doce, trança, cidade
- [ ] pedaço, cimento, coceira, rascunho
- [ ] açougue, acerola, solução, anúncio

2 Complete as palavras com **c** ou **ç**.

_____igarra	pa_____iência
_____egueira	pa_____oca
po_____o	polui_____ão
do_____ura	ca_____ula
_____ebola	_____érebro
esperan_____a	_____inema
cal_____ada	mor_____ego

3 Leia as afirmações e marque **V** para as verdadeiras e **F** para as falsas.

- [ ] Algumas palavras iniciam com a letra **ç**.
- [ ] A letra **c** antes das vogais **e**, **i** representa o mesmo som que o **ç**.
- [ ] A letra **c** nas palavras **comida** e **celular** representa o mesmo som.
- [ ] A letra **ç** só aparece antes das vogais **a**, **o**, **u**.

Páginas 154-155 do livro

Substantivo: singular e plural

1 Assinale com um **X** a alternativa em que todas as palavras estão no plural.

- [ ] navios, bolas, laços, pentes, bocas, olhos, cabelos, vozes, unhas, gás
- [ ] agulha, mês, carro, bicicleta, escova, caderno, bola, janela, televisão, freguês
- [ ] ingressos, músicas, canções, artistas, livros, filmes, cantigas, pessoas, notícias, resenhas

- Escolha um substantivo no singular de um dos itens acima e escreva uma frase.

____

____

____

2 Escreva o plural das palavras abaixo.

a) flor ______________

b) botão ______________

c) nuvem ______________

d) freguês ______________

e) canção ______________

f) voz ______________

3 Escreva o singular dos substantivos.

a) faróis ______________

b) bombons ______________

c) canais ______________

d) pães ______________

e) folhas ______________

f) personagens ______________

Cláudio Chiyo/Arquivo da editora

Som nasal

1 Assinale com um **X** a alternativa em que há marcação de som nasal em todas as palavras.

- [ ] pão, pavio, macaco, coração
- [ ] não, mundo, bombom, avião
- [ ] apito, brinco, moeda, cordão

2 Complete a cruzadinha com as palavras do quadro.

4 letras	7 letras	8 letras	10 letras
onça	lâmpada ~~moradia~~ coração	bombeiro	ambulância

Ilustrações: Cláudio Chiyo/ Arquivo da editora

Páginas 172-173 do livro

Substantivo: diminutivo e aumentativo

1 Os substantivos abaixo estão no diminutivo ou no aumentativo. Reescreva-os passando para o grau normal.

dragãozinho ______________________ bocarra ______________________

bruxinha ______________________ amiguinhos ______________________

coelhão ______________________ homenzarrão ______________________

batatinha ______________________ gatão ______________________

2 Circule de os substantivos no diminutivo e de os substantivos no aumentativo.

balinha panelinha muralha narigão foguinho

gotícula casarão rapagão borboletinha

3 Reescreva cada uma das frases a seguir. Para isso, substitua o trecho destacado por um substantivo no aumentativo ou no diminutivo sem alterar o sentido da frase.

a) O sótão está repleto de **baratas pequenas**.

____

b) Ele pescou um **peixe grande**.

____

c) Comprei dois **livros enormes**.

____

d) João mora em uma **cidade pequena**.

____

Páginas 186-187 do livro

A letra r e o rr

1 Observe as palavras do quadro abaixo.

laranja	sorriso	pirulito	macarrão
raposa	recado	roupa	rainha
aroma	ferrugem	verão	arroz

- Agora separe as palavras do quadro entre cada uma das colunas a seguir.

reino	parede	marrom

2 Encontre no quadro palavras com **r** ou **rr**. São nove palavras no total.

C	A	R	R	U	A	G	E	M	Q	G	A	R	U	P
L	R	W	V	E	R	R	U	G	A	V	R	I	C	E
Z	E	N	A	T	U	R	E	Z	A	M	T	S	Y	R
A	I	H	F	G	A	R	R	A	F	A	Z	A	H	U
J	N	C	D	W	M	O	R	A	N	G	O	D	I	C
B	O	Q	R	O	U	P	Ã	O	K	C	J	A	B	A

- Agora escolha duas das palavras que você encontrou e forme uma frase com elas.

____

____

Páginas 194-195 do livro

Ponto-final, ponto de exclamação e ponto de interrogação

1 Relacione as frases a seguir de acordo com o que cada uma indica.

1	Você ganhou uma rosa!	[ ]	Frase que indica uma certeza.
2	Você ganhou uma rosa?	[ ]	Frase que indica uma surpresa.
3	Você ganhou uma rosa.	[ ]	Frase que indica uma pergunta.

2 Assinale com um **X** a pontuação correta para cada uma das frases.

a) Por que a cigarra não trabalhou durante o verão [ ] ? [ ] .

b) A cigarra não gostava de trabalhar [ ] . [ ] !

c) Mas que canto lindo [ ] ? [ ] !

3 Observe a imagem e escreva duas frases: uma usando o ponto-final e outra usando o ponto de exclamação.

wavebreakmedia/Shutterstock

A letra s e o ss

1 Complete as palavras com **s** ou **ss**.

a_____ado	_____ufoco	_____ucuri
_____ofá	po_____ível	pa_____eio
in_____eto	pa_____arinho	en_____aio
_____ereia	_____aúde	to_____ir

2 Organize as sílabas dos quadrinhos e escreva as palavras formadas.

PA | SA | TO ____________

SO | OS ____________

GO | SE | PÊS ____________

SOU | VAS | RA ____________

3 Complete a cruzadinha com as palavras das colunas abaixo.

4 letras	8 letras	9 letras	10 letras
selo	~~serpente~~ girassol sabonete	carrossel	dinossauro

Ilustrações: Cláudio Chiyo/
Arquivo da editora

Páginas 208-209 do livro

Adjetivo

1 Leia as palavras do quadro e circule apenas os adjetivos.

bonita	voar	forte	rápido	elefante	colorida
camelo	pesado	gavião	caminhar	manhoso	peixe

2 Escreva três frases utilizando os adjetivos da atividade anterior.

____

____

____

3 Escreva três adjetivos para cada um dos animais.

wavebreakmedia/Shutterstock

urso-polar

____

____

____

Paul Banton/Shutterstock

girafa

____

____

____

Denis Tabler/Shutterstock

joaninha

____

____

____

Sons representados pela letra x

Ligue as palavras em que a letra **x** represente o mesmo som.

peixe	táxi
exame	caixa
extintor	exemplo
máximo	exposição
saxofone	auxílio

a) Complete as colunas com as palavras que você ligou.

x **como na palavra** bruxa	x **como na palavra** exagero	x **como na palavra** anexo	x **como na palavra** explorar	x **como na palavra** trouxe

b) Agora escreva mais uma palavra em cada uma das colunas.

Páginas 230-231 do livro

Frase

1 Assinale com um **X** apenas a afirmação correta.

- [ ] Frase é um conjunto de palavras desorganizadas.
- [ ] As frases escritas podem ter pontuação ou não.
- [ ] Toda frase transmite uma ideia.
- [ ] As frases nunca começam com letra maiúscula.

2 Ordene as palavras e forme frases.

a) ! | bom | Que | você | ver

____

b) andar | patins | ? | de | Você | de | gosta

____

c) adoro | Eu | ano | do | final | o | .

____

3 Escreva uma frase para cada uma das situações representadas nas imagens abaixo.

Elena Yakusheva/Shutterstock

____

____

Tono Balaguer/Keystone

____

____

MEUS CONTATOS

A

___/___/___

___/___/___

___/___/___

___/___/___

B

ESTA AGENDA PERTENCE A:

____

____

____ / ____ / ____

____

____

____ / ____ / ____

____

____

____ / ____ / ____

____

____

____ / ____ / ____

____

____

____ / ____ / ____

___ / ___ / ___

___ / ___ / ___

___ / ___ / ___

___ / ___ / ___

___ / ___ / ___

___ / ___ / ___

___ / ___ / ___

___ / ___ / ___

C

E

F

D

I
G

J

____
____
___ / ___ / ___

____
____
___ / ___ / ___

____
____
___ / ___ / ___

____
____
___ / ___ / ___

H

____
____
___ / ___ / ___

____
____
___ / ___ / ___

____
____
___ / ___ / ___

____
____
___ / ___ / ___

___ / ___ / ___

___ / ___ / ___

___ / ___ / ___

___ / ___ / ___

___ / ___ / ___

___ / ___ / ___

___ / ___ / ___

___ / ___ / ___

M

K

N

L

O

Q

R

P

___/___/___

___/___/___

___/___/___

___/___/___

___/___/___

___/___/___

___/___/___

___/___/___

V

____

____

_____ / _____ / _____

____

____

_____ / _____ / _____

____

____

_____ / _____ / _____

____

____

_____ / _____ / _____

T

____

____

_____ / _____ / _____

____

____

_____ / _____ / _____

____

____

_____ / _____ / _____

____

____

_____ / _____ / _____

___/___/___

___/___/___

___/___/___

___/___/___

___/___/___

___/___/___

___/___/___

___/___/___

M

Z

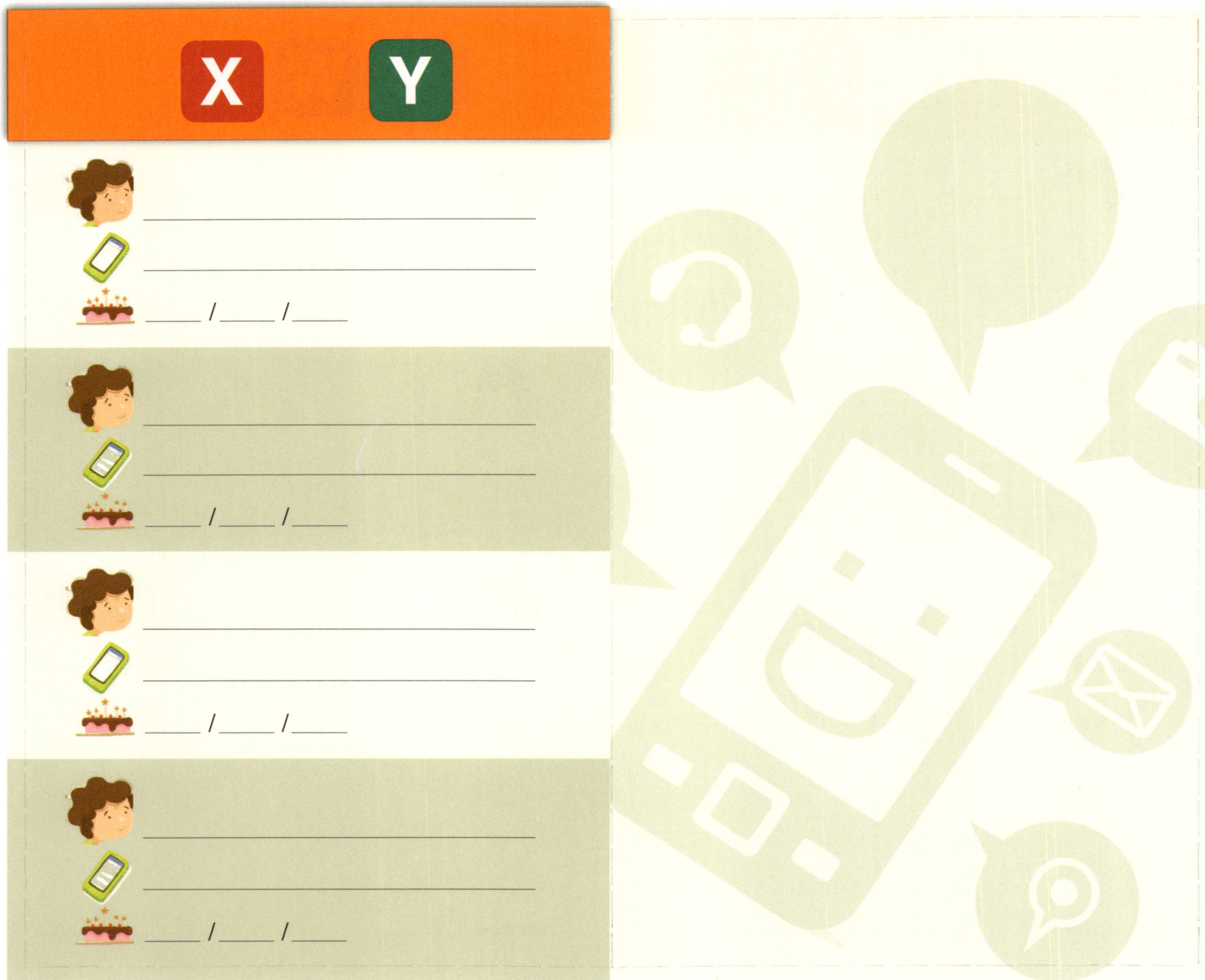
X
Y

Nome: ____

Data: ____ /____ /____

Resenha escrita por: ______________________________

Data: _____ / _____ / _____

DOBRE

CONVITE

Data: ____ / ____ / ____

Horário: ____________________

Local: ____________________

____

Cadê o toucinho que estava aqui?
O gato comeu.

Cadê a galinha?
Está botando ovo.

Cadê o gato?
Foi pro mato.

Cadê o boi?
Está amassando trigo.

Cadê o fogo?
A água apagou.

Cadê o mato?
O fogo queimou.

Cadê o ovo?
Quebrou!

Cadê a água?
O boi bebeu.

Cadê o trigo?
A galinha espalhou.

Nome: ____

Data: ____ /____ /____

Adesivos para as atividades das páginas **26-27** do livro

Adesivos para a atividade **3** da página **69** do livro

Adesivos para a atividade **3** da página **141** do livro

Para quem?	O quê?	Quando?	Onde?	De quem?

Adesivos para a atividade **9** da página **145** do livro